HERDERBÜCHEREI
»TEXTE ZUM NACHDENKEN«

HERAUSGEGEBEN VON
GERTRUDE UND THOMAS SARTORY

BAND 1385

»Texte zum Nachdenken«
In den Büchern der Menschheit ist eine Fülle von Texten zu finden, die das Bewußtsein weiten und verändern, die Seele wandeln. Vorausgesetzt, man liest diese Texte wieder und wieder, läßt sie immer tiefer eindringen in Geist und Herz. Hier trennt nicht die Fremde der Zeit oder die Ferne der Kontinente, denn in tieferen Schichten der Seele sind alle Menschen einander verwandt.
Diese seit Jahren bewährte Reihe der Herderbücherei wurde von Thomas und Gertrude Sartory begründet. Eine Reihe von Dichtern und Denkern, Heiligen und Weisen kamen in ihr bereits zu Wort. In jedem Band wird eine andere Gestalt oder Tradition für Leser von heute erschlossen, jeweils unter einer Fragestellung, die uns in unserer Zeit besonders bewegt. Die schöne Gestaltung eines jeden Bandes lädt zum verweilenden Lesen ein, aber auch zum Verschenken.
Seit dem Tod von Thomas Sartory († 1982) führt Gertrude Sartory als Herausgeberin die Reihe weiter. Dr. iur. can. Gertrude Sartory, 1923 in Hamm geboren, ist freiberuflich als Publizistin tätig. Ihre Anschrift: 8301 Niederaichbach bei Landshut.

Dieses Buch ist der 55. Band in der Reihe »Texte zum Nachdenken«.

Henrike Rick, geboren 1954, studierte Pädagogik mit Schwerpunktfach Theologie in Aachen; Staatsexamen 1976; verschiedene Tätigkeiten in religiösen und kirchlichen Organisationen; Übersetzungen.

Ram Chandra Gandhi studierte Philosophie in Delhi und Oxford. Er hat Philosophie an Universitäten in Indien, England und Amerika unterrichtet; zuletzt war er Professor in Hyderabad und Santiniketan / West-Bengalen. Er ist der Autor von vier philosophischen Büchern und zahlreichen Aufsätzen.

Martin Kämpchen, geboren 1948 in Boppard, Dr. phil., lebt seit 1973 in Santiniketan in Indien; Veröffentlichungen zum hinduistisch-christlichen Dialog, Übersetzungen.

MAHATMA GANDHI

AUS DER STILLE STEIGT DIE KRAFT ZUM KAMPF

VON DER MACHT DES GEBETES

Auswahl und Übersetzung von
Henrike Rick

Einführung von
Martin Kämpchen

HERDERBÜCHEREI

Die Auswahl der Texte von Mahatma Gandhi
erfolgte mit freundlicher Genehmigung des
Navajivan Trust, Ahmedabad 380014, India,
bei dem auch das Copyright für diese Texte liegt.
Buchumschlag: Willy Kretzer

Gesetzt in der Times-Antiqua (Digiset)
Herder Freiburg · Basel · Wien
Gesamtherstellung:
Offizin Herder in Freiburg im Breisgau 1987
ISBN 3-451-08385-X

INHALT

WEGE ZUR GEMEINSCHAFT MIT GOTT

SELBSTLOSER DIENST AN DEN ARMEN

FORMEN DER ANBETUNG

RĀMA-NĀMA – DEN NAMEN GOTTES IM HERZEN TRAGEN

HINFÜHRUNG ZU DEN TEXTEN

Von Martin Kämpchen

Von Mahātmā Gandhi können wir, unter allen indischen Heiligen und Philosophen, am meisten lernen. Seine Worte sind einfach und von unbedingtem Ernst: Sie treffen direkt ins Herz. Um sie zu verstehen, brauchen wir keine Vorbildung über hinduistische Philosophie, über indische Gesellschaft und Lebensweise, und die Texte in diesem Buch verlangen nicht einmal eine Orientierung über die geschichtliche Situation, in die Gandhi hineingesprochen hat.

Kein zweiter großer Inder ist so unmittelbar. Rabindranath Tagore bedarf der einfühlend-poetischen Übertragung aus seiner bengalischen Muttersprache – Gedichte, Erzählungen, Dramen und Aphorismen sind gesättigt von der Sonne hinduistischer Spiritualität und ihren vielfältigen kulturellen Ausdrucksformen. Aurobindo hat zumeist spekulativ schwierige, auf dramatische Sprachbögen gespannte philosophische Werke verfaßt – nur seine Aphorismen, kürzlich auch in deutscher Sprache erschienen[1], schicken ihren Pfeil direkt in unsere Lebensmitte. Auch der kindliche Ekstatiker Ramakrishna will mit Vorbereitung und Einübung verstanden sein; zwar ist er kein Philosoph, doch geht er

[1] Vgl. das Quartett »Das Abenteuer des Denkens«, »Von der Seligkeit des Dienens«, »Wenn die Seele singt« und »Kaskaden des Lichtes«, ausgewählt und übersetzt von Theodora Karnasch, erschienen im Patmos Verlag, Düsseldorf 1985 und 1986.

schöpferisch mit vielen philosophischen Vorstellungen um, die wir erst zu unserem europäisch-christlichen Verständnishorizont in Beziehung bringen müssen[2].

Daß heißt nicht, daß Gandhi nicht in die Gesellschaft und Spiritualität seiner Heimat integriert gewesen ist. Seine Gedanken haben ihre Wurzeln tief in der Erde seines Landes. Und er sprach bei fast allen Texten, die wir in diesem Band lesen, für Inder seiner Zeit. Doch zwei Merkmale machen seine Worte für uns – für alle – unmittelbar verständlich:

Erstens, wir erkennen an jedem einzelnen Satz, den wir lesen, daß er ein *Lebenszeugnis* ist. Gandhi ist nicht spekulativ, nicht poetisch-phantasievoll, er löst nicht mystisch alles Welthaltige auf, sondern jeder Satz ist ein Satz der Lebenserfahrung und wird um einer bestimmten Wirkung willen an einen bestimmten Leser- oder Hörerkreis gerichtet. Das gibt den Texten Konkretheit, Anschaulichkeit, eine Überzeugungskraft, die allgemein-menschlich anziehend ist. Jeder Mensch, der ernsthaft ist, läßt sich von mit dem Leben bezahlten Worten beeindrucken.

Zweitens, beinahe überrascht stellen wir fest, wie *universal* Gandhis Denken ist – und damit der Hinduismus seiner Denkart. Oft glauben wir, über ein Wort reflektierend, ein Christ spreche zu uns. Oder wir denken: Gewiß hat Gandhi das einem christlichen Briefschreiber oder Gesprächspartner mitgeteilt. Und doch entdecken wir, gehen wir der Sache nach, daß etwa jener Text einem Zeitungsaufsatz entstammt, den Gandhi an Leser aller Religionsgemeinschaften gerichtet hatte. Die Universalität des Hinduismus kristallisiert sich in der Denk-

[2] Vgl. Srī Rāmakrishna – Setze Gott keine Grenzen. Gespräche des indischen Heiligen mit seinen Schülern. Aus dem Bengalischen übersetzt, ausgewählt und eingeleitet von Martin Kämpchen. Herderbücherei 1165. Herder Verlag, Freiburg 1985.

art Gandhis auf eine für unsere moderne Weltsituation fruchtbare Weise.

Das »Indische« an Gandhi liegt zunächst in dem inklusivistischen Denken, das Fundament östlicher Denkweise ist. Er heißt Vielfalt gut, aber er behauptet, sie werde »zusammengehalten«, getragen von einer Einheit, die allumfassend ist. Er erkennt an, was verschieden von ihm ist, weil er sich dennoch damit verwandt fühlt. Insofern ist Gandhis Denkhaltung erfrischend positiv, bewahrend, tolerant. Zwei Sanskrit-Begriffe stehen in Gandhis Lebensmitte: *Satya* und *Ahimsā* = Wahrheit oder Wahrhaftigkeit und Gewaltlosigkeit; beides sind Begriffe, die den Lebensnerv nicht nur des Hinduismus, sondern auch des Buddhismus und Jinismus anrühren. »Wahrheit« ist nicht bloß ein Zustand der Richtigkeit, sondern eine Kraft, ein dynamisches Prinzip. Wer sich dieser Kraft anvertraut, der wird von ihr getragen, geschützt; wer sich ihr entgegenstellt, bezahlt mit Leiden, Unglück, Unerlöstheit. *Satyāgraha,* das Festhalten an der Wahrheit, wurde Grundvoraussetzung für alle Jünger und Nachfolger des Mahātmā. Sie ist auch die Grundvoraussetzung für echtes Beten. Gewaltlosigkeit geht einen Schritt weiter; für Gandhi ist sie die Konsequenz vollkommener Wahrhaftigkeit im mitmenschlichen und kosmischen Bereich. Gandhi war durchdrungen von der Überzeugung, daß jede Art von Gewalt – in Gedanken, Worten und Handlungen, gegen Menschen, Tiere, die Natur und den Kosmos – wider-göttlich, tief unwahr ist. Das Festhalten an der Wahrheit wurde für ihn die Suche nach vollkommener Nicht-Gewalt. Darauf baute seine Gesellschaftsphilosophie und seine Praxis eines gewaltlosen Zusammenlebens auf. *Satyāgraha* speiste seine Vision von einer nationalen Wirtschaft, die ohne Schwerindustrie, ohne Großstädte, ohne Luxusgüter auskam und stattdessen das Dorf selbständig machte und ihm die einfache menschliche Würde zurückgab.

Mahātmā Gandhi heißt in Indien »Vater der Nation«, da man in ihm die große Triebkraft im Kampf um die Unabhängigkeit erkennt. Durch seine Führung erlangte Indien politische Freiheit, aber schon vor 1947 war die Führungsschicht im Lande nicht mehr bereit, Gandhis religiös-gesellschaftlichen Idealen zu folgen. Diese waren zu anspruchsvoll, zu asketisch, gaben der »weltlichen« Seite des Menschen – seiner Sucht nach Macht, Geltung, Lebensgenuß und seiner Eigenmächtigkeit – keinen Spielraum. In gewissem Sinn war Gandhis Vision »zu indisch«, zu stark den alten asketisch-mönchischen Lebensvorbildern verpflichtet. Dabei wachte doch Indien in jenen Nachkriegsjahren mit dem Bewußtsein auf, daß die Unabhängigkeit das Land in eine moderne Welt gestellt hatte, in der es sich behaupten wollte. Die Weichen zur politischen Zentralisierung, zur Großindustrie, zu Landflucht und Verstädterung wurden gestellt. Ein politischer Führer nach dem anderen nannte Gandhi verehrungsvoll den »Vater der Nation« – sie alle, bis zum heutigen Premierminister, haben ihn noch erlebt – aber sie geben sich dem Sog der internationalen Strömung ungehindert preis. Mit Schmerz stellt unsereins fest, wie Indien die technische Zivilisation des Westens naiv in den Himmel hebt, während Gandhi nicht einmal als »Alternative« im Gespräch bleibt. Auch heute setzt man auf »Supercomputer«, die aus Amerika importiert werden, weniger dagegen zum Beispiel auf ökologische Gewaltlosigkeit und Gewaltlosigkeit in der Landwirtschaft. Für den städtischen College-Studenten, erzählt mir ein Soziologe, gibt die Regierung fünfzigmal mehr Geld aus, als für den Bauernjungen gleichen Alters in einem indischen Dorf.

Es ist gar nicht paradox, daß Gandhi über den Westen wieder in Indien Einzug zu halten beginnt[3]. Europa und Amerika haben traumatische Erfahrungen mit all dem gemacht, wonach Indien jetzt, anscheinend begierig, die Hände ausstreckt. Europa ist allmählich bereit, sich von seinem technologischen Fortschrittsglauben zu distanzieren und hält darum Idealvorstellungen, wie jene von Gandhi, respektvoll für nachdenkenswert. Und da der Westen sich heute Gandhi gegenüber empfänglich zeigt, wittert die indische Elite etwas Nachahmenswürdiges. Aber, wie Detlef Kantowsky feststellt, es wird noch lange Zeit dauern, bis diese Elite, sich von ihren ausländischen Modellen lösend, auf Gandhi umschwenkt, denn diesen Modellen verdankt sie ihre Existenz und ihren Wohlstand[4].

Es gibt aber auch andere Gründe, warum Gandhi sich im Westen großer Beliebtheit erfreut, Gründe, die tiefer in der Eigenart Gandhis selbst liegen. Ich glaube, daß seine Auffassung von *Satya* als einer dynamischen Wahrheits-Kraft und von *Ahimsā* als einer dynamischen, im gesellschaftlichen Leben geübten Gewaltlosigkeit unsere christliche Friedensethik schöpferisch ergänzt. Immerhin beruft sich Gandhi auf die Bergpredigt, auf Tolstoi und Ruskin. Auch seine Gottesvorstellung entspricht – überspitzt formuliert – beinahe mehr den christlichen als den hinduistischen Traditionen. So lesen wir in diesem Buch Texte, in denen Gandhi zwar die Bilderverehrung und den Tempelbesuch gutheißt, doch für sich selbst ablehnt. Dabei sind Hindus, die große Mehrzahl von ihnen, doch so eifrige Bilderverehrer und Tempelbesucher, Wallfahrer und Menschen,

[3] Vgl. Detlef Kantowsky: Gandhi – Coming Back from West to East? In: Gandhi Marg (New Delhi) 3/1983.
[4] A. a. O., S. 139.

die in jedem Baum und Stein ein Symbol für etwas Heiliges zu sehen bereit sind! Sich von all dem abwendend, zog es Gandhi vor, Gott im Menschen zu sehen. Wenn er schreibt, daß es nur einen Weg gibt, auf dem man im Licht Gottes gehen könne, nämlich indem man Seiner Schöpfung dient, und wenn er immer wieder bezeugt, Gott wohne unter den Armen, dann meint er dasselbe wie Jesus Christus, der sagt: Was du den geringsten meiner Brüder und Schwestern getan hast, das hast du mir getan. Gandhi war kein Mystiker, kein spekulativer Geist, kein Yogī; das Leben der Hindu-Wandermönche und Einsiedler inspirierte ihn nicht; für ihn wichen sie alle von der Glaubensmitte ab: von Gott im Menschen, besonders im Armen. Alle jene typisch indischen Gestalten spiritueller Existenz übergingen er und seine Nachfolger zugunsten einer Einstellung, die uns zutiefst christlich anmutet. Darum können wir auch Gandhis Beten so gut folgen. Die Stoßrichtung erscheint uns Christen richtig zu sein. Die Worte sind für uns vielleicht neu, aber gerade darum sind sie so erfrischend und nachdenkenswert.

Da Gandhi Gott im Menschen erkennt, mißt er der *Arbeit* große Bedeutung zu. Der Dienst an Menschen, die Arbeit für und mit den Menschen wird zum Gottesdienst. Arbeit wird zur Form der Askese – was wiederum eher protestantisch als hinduistisch klingt. Die unausweichliche Kehrseite zur Arbeit unter den Menschen ist das *Leid*. Durch Gemeinschaft mit Menschen öffnen wir uns Konflikten, der Feindseligkeit, dann dem Leid. Die breite Tradition der indischen Religionen sieht im Leiden etwas Unwirkliches und Vorläufiges, das wie eine Wolke die Sonne der Glückseligkeit verbirgt. Glückseligkeit *(ānanda)* ist Gott. So sehr uns der optimistische Schwung dieser Vorstellung hinreißt, uns will das Leid wirklichkeitsschwerer erscheinen.

Und vor allem: wir möchten versuchen, dem Leid gute Seiten abzugewinnen. Eben das hat auch Gandhi getan, wie uns mehrere Texte in diesem Band zeigen. Leid läutert uns wie Feuer, damit wir rein in Gefühl, Vorstellung und Willen werden. Gebet ist, für Gandhi, Teilnahme an diesem Läuterungsprozeß aus eigener religiöser Verantwortung, damit wir, wenn das Leid kommt, es nicht abwehren (und dadurch geistig unfruchtbar machen), sondern annehmen, damit es uns reinigt. Gandhi hatte darum als einer der wenigen modernen Persönlichkeiten des Hinduismus eine verständnisvoll-annehmende Einstellung zu Christi Passion und Kreuzestod. Er sagt, daß Christi Vorbild ihm bei seinen Bemühungen um Gewaltlosigkeit stets vor Augen gewesen sei[5].

Mahātmā Gandhi spricht über beinahe alle Formen des Gebets, die unser Alltag kennt. Da ist das stille persönliche Gebet, welches, spontan formuliert, meist einem bestimmten Anlaß folgt; das regelmäßige Abend- und Morgengebet, das der Beter allein verrichtet; dann das Gemeinschaftsgebet, bei dem eine große Anzahl von Betern dieselben Gebete gemeinsam sprechen oder dieselben Hymnen singen; und schließlich das Herzensgebet – Gandhi nennt es »Rāma-Nāma«. Die Gemeinschaftsgebete wurden in Gandhis Āshram frühmorgens und abends von der Āshram-Gemeinde verrichtet oder auf den großen Gebetstreffen, die Gandhi gern veranstaltete. Gemeinschaftsgebet und Gebetstreffen haben im Hinduismus nicht so tiefe Wurzeln wie im Christentum. Im allgemeinen bevorzugt der Hindu das private Gebet; auch das rituelle Gebet ist meist ein individueller Akt, oder ein Akt, den Priester und Laien-

[5] Vgl. M. M. Thomas: The Acknowledged Christ of the Indian Renaissance. Madras ²1976, S. 201.

verehrer gemeinsam ausführen. Der Brāhmo Samāj, eine neohinduistische Vereinigung, die im letzten Jahrhundert blühte, führte regelmäßiges Gemeinschaftsgebet ein, das auch im Umkreis von großen Männern wie Ramakrishna und Rabindranath Tagore, die Beziehung zum Brāhmo Samāj besaßen, gepflegt wurde. Traditionelle Formen des Gemeinschaftsgebets kennen vorwiegend die theistischen Glaubensgemeinschaften (Vishnuismus und Sivaismus): etwa die gemeinsame Rezitation aus den heiligen Schriften, die litaneiartige Anrufung der Namen Gottes *(Sahasra-Nāma),* sowie den spontan-ekstatischen Refrain-Gesang *(Kīrtan),* etwa das auch bei uns bekannte »Hare Krishna, Hare Rāma«.

Der Übung des Rāma-Nāma, das heißt der ständigen Wiederholung des Gottesnamens »Rāma«, gibt Gandhi einen breiten Raum. Sie hat ihre christliche Entsprechung im Jesusgebet; Gandhi lobt die Wirkung dieser Übung mit ähnlich begeisterten Worten wie die Hesychasten der orthodoxen Kirche das Jesusgebet. Dies ist wohl die am meisten verinnerlichte Gebetsform, die Gandhi geübt und verkündet hat.

Warum spricht Gandhi nicht über Meditation? Wohl lobt er Fasten und Schweigen als asketische Methoden, das Gebetsleben zu unterstützen; doch eine Vertiefung des Gebets durch eine wort- und gedankenfreie Meditation oder durch die Meditation der einfachen Beschauung scheint er nicht anzustreben. Zumindest findet er keine Worte darüber. Auch spricht er nicht von Ekstase oder von den hinduistischen Entsprechungen solcher Zustände wie »Eingenommenheit«, »eingegossenes Gebet«, »Bewegungen des Geistes«. Gandhi war eben kein Mystiker – darum für Hindu-Verständnis auch eigentlich kein »Heiliger«, kein Befreiter *(jivanmukta).*

Allerdings fehlen bei ihm – neben diesen »höheren«

Weisen des Gebets – auch zwei Gebetsformen, die durchaus der alltäglichen Erfahrung angehören. Erstens, das liturgische (rituelle) Gebet, das Gandhi nicht praktiziert, weil er als Nicht-Bilderverehrer und Nicht-Tempelbesucher kein Ritualist ist. Zweitens, zusammenhängend damit, fehlt eine »Ästhetik des Gebets«, nämlich die Erfahrung, daß sinnenhaft erlebbare Schönheit dem Geist hilft, sich zu Gott zu erheben. Gandhi schreibt nicht von Blumen und frommen Gebrauchsgegenständen, deren Dasein die Menschen erfreut, nicht von einfachen, jedoch geschmackvoll ausgestalteten Gebetsräumen. Er liebte Ordnung und Reinlichkeit – bis dahin ging sein ästhetischer Geschmack. Er war eben auch keine Künstlernatur.

Aber daß er im Gebet Gottes Gnade gefunden hat, ist unbestreitbar. Dürfte er sonst mit einfacher Sicherheit sagen, er könne sich nicht daran erinnern, daß er sich von Gott jemals verlassen gefühlt habe! Seine Worte über das Gebet sind be-geist-ert, durchdrungen von der Gegenwart des Heiligen Geistes. Schon sie langsam zu lesen, führt uns in die Gebetsstimmung, ins Gebet selbst hinein. Die Lektüre ist der erste – und größte – Schritt hin zur Befolgung von Gandhis Worten.

Die vorgelegten Texte hat die Übersetzerin aus dem Sammelband »Prayer« von M. K. Gandhi ausgewählt. In diesem Band sind Stellen aus den unterschiedlichen Schriften Gandhis zusammengestellt: aus seinen Zeitungen »Harijan« und »Young India«, aus seiner Autobiographie, seiner »Regel« für die Āshram-Gemeinden, aus Reden, Interviews, aufgezeichneten Gesprächen und vor allem aus Briefen, die oft Unbekannten, die geistigen Rat erbaten, Antwort geben. Jeder Text verdankt seine Entstehung einem bestimmten Anlaß.

Die Idee zu diesem Band stammt noch von Thomas Sartory, dem 1982 verstorbenen Mitherausgeber der

Reihe »Texte zum Nachdenken«. Nach seinem Tod ruhte die Idee zunächst in unseren Mappen, bis der Verlag sie wieder aufgriff. Frau Henrike Rick, der Reihe und ihren Herausgebern durch Mitarbeit an anderen Bänden verbunden, wurde für Auswahl und Übersetzung gewonnen. Zu jener Zeit war Ram Chandra Gandhi, einer der Enkel des Mahātmā, Professor für Vergleichende Religionswissenschaft an der Visva-Bhārati-Universität, Santiniketan; wir lernten uns schätzen, und als ich ihn um ein Nachwort für diese Textauswahl bat, entwickelte er aus dem Stegreif einige faszinierende Gedanken. Das Manuskript schickte er später aus Delhi nach, wo er jetzt als Privatgelehrter wohnt.

Dieser Band über das Gebet folgt dem Gandhi-Band »Handeln aus dem Geist« (Herderbücherei 632), der unter jenen drei Büchern war, mit denen die Reihe »Texte zum Nachdenken« vor genau zehn Jahren begann. Der erste Band fand sehr viele Leser; möge dieser zweite dieselbe Wirkung erhalten.

Die Überschriften stammen von der Übersetzerin. Sämtliche Texte sind dem Sammelband »Prayer« von Mohandas Karamchand Gandhi (herausgegeben von Navajivan/Ahmedabad 1977) entnommen. Die Zahlen am Ende jedes Textes verweisen auf die entsprechende Seitenzahl in diesem Buch.

OHNE GEBET
KEIN INNERER
FRIEDE

Wahres Menschsein

Die Botschaft jeder Religion lautet, daß der Mensch nicht wirklich Mensch ist, wenn er nicht seinen Schöpfer preist.

(26)

Wir sind auf der Welt, um unseren Mitmenschen zu dienen, und das kann uns nur gelingen, wenn wir hellwach sind. In der Brust des Menschen tobt ein ewiger Kampf zwischen den Mächten der Dunkelheit und des Lichtes, und wer sich nicht auf den Notanker des Gebets verlassen kann, wird den Mächten der Dunkelheit unterliegen. Ein Mensch des Gebets ist im Frieden mit sich und der ganzen Welt; ein Mensch, der ohne Gebet im Herzen an die Dinge dieser Welt herangeht, ist bedauernswert und wird auch die Welt in einen bedauernswerten Zustand bringen. So trägt das Gebet nicht erst nach dem Tod eines Menschen seine Früchte, sondern hat schon einen unschätzbaren Wert für die Menschen hier in der Welt der Lebenden. Gebet ist das einzige Mittel, um Ordnung, Frieden und Ruhe in unser tägliches Handeln zu bringen.

Beginne darum deinen Tag mit Gebet und lege soviel Inbrunst hinein, daß die Wirkung in dir bis zum Abend anhält. Beschließe den Tag mit Gebet, damit du eine friedvolle Nacht hast, frei von Träumen und Alpdrücken. Mache dir keine Gedanken über die Form deines Gebets. Sie kann beliebig sein, doch sollte sie uns zur Gemeinschaft mit dem Göttlichen führen. Nur – welche Form du auch wählst – darfst du es nicht zulassen, daß der Geist umherwandert, während dein Mund Worte des Gebets ausspricht.

(8/9)

Herzenserforschung

Warum soll man überhaupt beten? Weiß nicht Gott – wenn es ihn gibt – sowieso, was geschieht? Bedarf Er des Gebets, um Seine Pflichten erfüllen zu können?

Nein, Gott braucht keinen Mahner. Er ist in jedem Menschen gegenwärtig. Nichts geschieht, was Er nicht zuläßt. Unser Gebet ist eine Herzenserforschung, eine Mahnung an uns selbst, daß wir ohne Seine Hilfe hilflos sind. Es gibt keine vollkommene Leistung ohne das Gebet – ohne die eindeutige Erkenntnis, daß selbst das beste menschliche Streben keine Frucht bringt, wenn nicht der Segen Gottes auf ihm ruht. Gebet ist ein Aufruf zur Demut. Es ist ein Aufruf zur Selbstreinigung, zur Erforschung des Inneren.

(56)

Göttliche Heimsuchung

Wenn wir einander zum Gebet auffordern, dann erkennen wir darin ein deutliches Verlangen unserer Seele. Gebet ist ein Zeichen der Reue, eine Sehnsucht, besser, reiner zu werden. Ein Mensch des Gebets betrachtet die Unglücke unseres Lebens als göttliche Heimsuchung. Das kann ebenso eine Heimsuchung für einzelne wie für ganze Völker sein ...

Doch können wir von der allgemeinen Erfahrung sprechen, daß jedes Unheil den einsichtigen Menschen auf die Knie bringt. Er glaubt, daß dies Gottes Antwort auf seine Sünden ist, und daß er sich in Zukunft besser verhalten muß. Seine Sünden haben ihn hoffnungslos schwach gemacht, und in dieser Schwachheit ruft er zu Gott um Hilfe. So haben Millionen von Menschen ihr persönliches Unglück zur eigenen Besserung genutzt. Ja, wir wissen von ganzen Völkern, die den Beistand Gottes angerufen haben, wenn Unglück über sie hereingebrochen war. Sie haben sich vor Gott erniedrigt und Tage der Demut, des Gebets und der Läuterung ausgerufen.

(57/58)

Zwei Arten von Furcht

Gebet spielt eine große Rolle beim Opfer der Selbstreinigung, und du wirst sehen, daß es dir überfließende Fülle und Klarheit auf deinem Weg beschert. Je mehr du dich ihm überantwortest, umso mehr wirst du im täglichen Leben Furchtlosigkeit erfahren, denn Furchtlosigkeit ist Zeichen und Ausdruck der Selbstreinigung. Ich weiß von keinem Menschen, ob Mann oder Frau, der den Weg der Selbstreinigung ging und dennoch von Furcht befallen war. Der menschliche Geist kennt im allgemeinen zwei Arten von Furcht: Furcht vor dem Tod und Furcht vor dem Verlust materiellen Besitzes. Ein Mensch des Gebets und der Selbstreinigung wird die Furcht vor dem Tod abschütteln und ihn vielmehr als freundlichen Gefährten aufnehmen, und er wird allen irdischen Besitz als flüchtig und ohne Bedeutung ansehen. Er wird erkennen, daß er kein Recht hat, Reichtümer zu besitzen, während Elend und Armut das Land beschleichen, und während Millionen ohne die tägliche Mahlzeit auskommen müssen. Keine Macht der Erde kann einen Menschen bezwingen, der diese beiden Arten der Furcht von sich geworfen hat.

(33)

Äusserstes Vertrauen

Gott verläßt seine Diener niemals in der Stunde der Versuchung. Bedingung dafür ist, daß man einen lebendigen Glauben und äußerstes Vertrauen zu Ihm hat. Darin erweist sich der Glaube: Nachdem wir unsere Pflicht getan haben, sind wir bereit anzunehmen, was immer Er uns schicken mag – Freude ebenso wie Sorge, Glück genauso wie Unglück. Es muß ein Glaube sein wie bei König Janaka; als man ihm sagte, seine Hauptstadt stünde in Flammen, meinte er nur, das sei nicht seine Sache …

Und so wird ein Mensch des Gebets zunächst einmal durch die immer gnädige Vorsehung vom Unglück verschont bleiben; wenn ihm aber ein Unglück widerfährt, dann wird er nicht sein Schicksal beklagen oder Gott die Schuld dafür geben, sondern er wird es in einem unerschütterlichen Frieden des Geistes und freudiger Einstimmung in Seinen Willen ertragen.

(205)

Welt-Sicht

Wenn unser Geist von Gedanken des Gebets erfüllt ist, dann erscheint uns alles in der Welt gut und angenehm. Gebet ist eine wesentliche Voraussetzung für einen Fortschritt im Leben.

(10)

Gebet und *Brahmacharya** sind nicht von gleicher Art. *Brahmacharya* ist eines der fünf grundlegenden Gelübde**, und Gebet ist ein Mittel, um sie befolgen zu können. Ich habe schon viel gesagt, um die Notwendigkeit von *Brahmacharya* zu erklären. Doch als ich darüber nachdachte, wie jemand dieses Gelübde einhalten kann, da habe ich das Gebet als machtvolles Mittel entdeckt. Wer den Wert des Gebets erkannt hat und in der Lage ist, konzentriert zu beten, für den wird es ganz leicht, *Brahmacharya* zu befolgen.

(54)

* Brahmacharya – Keuschheit, zölibatäres Leben.

** Für die Mitglieder der Âshrams (Lebensgemeinschaften), die Gandhi gegründet hat.

Gottes Wort

Mein Erfolg liegt in meinem beständigen, demütigen und gläubigen Streben. Ich kenne den Weg. Er ist gerade und schmal. Er ist wie die Schneide eines Schwertes. Es macht mir Freude, auf ihm zu wandern, und ich weine, wenn ich herunterfalle. Doch Gott sagt: »Wer kämpft, wird niemals zugrunde gehen.« An dieses Versprechen glaube ich fest. Obwohl ich in meiner Schwäche tausendmal falle, verliere ich dennoch nicht die gläubige Hoffnung, daß ich das Licht schauen werde, wenn das Fleisch einst, seiner Bestimmung folgend, vollkommen unterworfen sein wird.

(47)

Die tägliche Treue

Wenn du anerkennst, daß es einen Gott gibt, dann kannst du dich der Notwendigkeit des Gebets nicht entziehen. Wir wollen doch nicht den seltsamen Anspruch erheben, daß unser ganzes Leben ein Gebet sei, und daß wir uns deswegen nicht zu einer bestimmten Stunde hinsetzen müßten, um zu beten. Selbst Menschen, die beständig im Einklang mit dem Unendlichen lebten, haben solches nie für sich beansprucht. Ihr Leben war ein ständiges Gebet, und dennoch – ich glaube zu unserem Heil – haben sie zu festgesetzten Stunden ihre Gebete gesprochen und jeden Tag ihren Treueeid zu Gott erneuert. Natürlich fordert Gott diesen Eid nicht ein, doch wenn wir unser Gelöbnis jeden Tag erneuern, dann versichere ich euch, werden wir von jedem nur vorstellbaren Elend des Lebens frei sein.

(29)

Hunger der Seele

Gebet ist nicht einfach eine Übung des Sprechens oder Hörens, es bedeutet auch nicht, daß man leere Formeln wiederholt. Auch eine noch so häufige Wiederholung von *Rāma-Nāma** ist nutzlos, wenn sie nicht die Seele in Bewegung bringt. Beim Beten ist es besser, ein Herz ohne Worte zu haben als Worte, die nicht von Herzen kommen. Es soll eine klare Antwort sein auf den Hunger des Geistes. Und so, wie sich ein Hungriger eine kräftige Mahlzeit wohlschmecken läßt, so wird sich eine hungrige Seele ein Gebet schmecken lassen, das von Herzen kommt. Ich spreche aus der Erfahrung, die ich und auch meine Gefährten gemacht haben: Wer die Faszination des Gebets erfahren hat, der kann tagelang ohne Essen auskommen, aber keinen einzigen Augenblick ohne Gebet. Denn ohne Gebet gibt es keinen inneren Frieden.

(8)

* Ständige Wiederholung des Gottesnamens Rāma; vergleichbar mit dem Jesusgebet.

Fünftausend Zungen

Der Mensch braucht das Gebet ebenso nötig wie das tägliche Brot. Ein schlechter Mensch wird seine Ohren dazu benutzen, Häßliches von anderen zu hören, und seine Augen, um sündhafte Dinge zu sehen. Der Gute jedoch sagt, hätte er auch zehntausend Augen und Ohren, sie würden ihm nur dazu dienen, immerdar Gottes Angesicht zu schauen und fromme Lieder zu hören; und er würde seine fünftausend Zungen nutzen, um Seinen Lobgesang zu singen.

(10)

Not-Helfer

Gebet hat mein Leben gerettet. Ohne das wäre ich schon lange dem Wahnsinn verfallen. Meine Autobiographie erzählt davon, daß ich im öffentlichen wie im privaten Bereich äußerst bittere Erfahrungen machen mußte. Sie haben mich bisweilen in Verzweiflung gestürzt, doch mit Hilfe des Gebets konnte ich sie überwinden. Ich kann euch heute sagen, daß das Gebet nicht in dem Maße Teil meines Lebens gewesen ist, wie es die Wahrheit immer war. Es ist aus einer reinen Zwangslage entstanden, als ich einmal in Not geraten war und wohl ohne Gebet nicht wieder froh werden konnte. Und je mehr mein Glaube an Gott gewachsen ist, umso unwiderstehlicher wurde das Verlangen nach Gebet. Ohne dies schien mir das Leben schließlich fad und leer.

(27)

EINE SPONTANE HERZENSERHEBUNG

Stark wie ein Fels

Das Gebet ist nicht ein Bitten um etwas. Es ist eine Sehnsucht der Seele. Es ist das tägliche Eingeständnis der eigenen Schwachheit. Auch der Stärkste unter uns wird dadurch ständig an seine Nichtigkeit gemahnt, schon bevor Tod, Krankheit, Alter oder irgendein Unglücksfall auf ihn zukommen. Wir leben inmitten des Todes. Was nützt es, unseren eigenen Plänen zu folgen, wenn sie in der Kürze eines Augenblicks zunichte gemacht werden können, oder wenn wir dem allen rasch und völlig unerwartet entrissen werden. Doch dürfen wir uns stark fühlen wie ein Fels, wenn wir voll Vertrauen sprechen: Wir arbeiten für Gott und Seine Pläne. Dann wird alles so klar wie das helle Licht des Tages. Dann mißlingt uns nichts mehr. Dann ist alles Scheitern nur Schein. Tod und Zerstörung sind dann – aber nur dann – keine Wirklichkeit mehr. Denn Tod und Zerstörung sind dann nichts anderes mehr als eine Wandlung. Ein Künstler vernichtet sein Bild um eines besseren willen; ein Uhrmacher wirft eine schadhafte Sprungfeder fort, um eine neue, brauchbare einzusetzen.

(38)

Aus der Tiefe des Herzens

Gebet ist nichts anderes als ein heftiges Verlangen des Herzens. Du kannst ihm mit den Lippen Ausdruck geben; du kannst es im Verborgenen oder in der Öffentlichkeit tun; doch wenn deine Äußerung echt sein soll, dann muß sie aus dem tiefsten Grund des Herzens kommen.

(17)

Herzens-Wirklichkeit

Aus allen Versuchungen hat Er mich gerettet. Ich weiß, daß der Satz »Gott hat mich gerettet« heute für mich einen tieferen Sinn hat, und immer noch fühle ich, daß ich seine ganze Bedeutung noch nicht erfaßt habe. Nur durch immer reichere Erfahrung kann ich zu einem volleren Verständnis gelangen. Doch in all meinen Versuchungen – sei es im geistlichen Leben, sei es als Anwalt in der Verwaltung, sei es in der Politik – kann ich sagen, daß Gott mich gerettet hat. Wenn jede Hoffnung dahin ist, »wenn die Helfer ausbleiben und der Trost entflieht«, dann erlebe ich, daß irgendwie Hilfe kommt, von woher – das weiß ich nicht. Bitten, Anbetung und Gebet sind kein Aberglaube; diese Handlungen haben eine größere Wirklichkeit als Handlungen wie Essen, Trinken, Sitzen oder Gehen. Es ist keine Übertreibung, wenn man sagt, daß sie allein wirklich sind, alles andere ist unwirklich.

Gebet und Gottesdienst solcher Art sind keine schwungvolle Beredsamkeit und auch kein Lippenbekenntnis. Sie entspringen aus dem Herzen. Wenn wir darum zu einer Herzensreinheit gelangen, bei der das Herz entleert ist von allem außer der Liebe, wenn wir die inneren Töne richtig gestimmt halten, dann verbinden sie sich ganz zaghaft und unbemerkt und werden zu Musik. Das Gebet braucht keine Sprache. Es ist in sich unabhängig von jedem sinnenhaften Bemühen. Ich habe nicht den geringsten Zweifel, daß das Gebet ein unfehlbares Mittel ist, um das Herz von Leidenschaften zu reinigen. Doch muß es einhergehen mit äußerster Demut.

(49/50)

Für Menschen, die innerlich von Gottes Gegenwart erfüllt sind, ist Arbeit Gebet. Ihr Leben ist ein fortwährendes Gebet und ein einziger Gottesdienst. Für die anderen, die nur nach dem Gesetz der Sünde handeln, die ihren eigenen Neigungen nachgehen und ihrer Selbstsucht dienen, wäre kein Zeitaufwand zu groß. Wenn sie Geduld, Glauben und den Willen zur Reinheit hätten, dann würden sie beten, bis sie wirklich die läuternde Gegenwart Gottes in sich erfahren.

Wir Normal-Sterblichen müssen einen Mittelweg zwischen diesen beiden Extremen gehen. Wir sind nicht so erhaben, daß wir sagen können, alle unsere Handlungen seien Hingabe; noch sind wir wohl so tief gefallen, daß wir nur unserer Selbstsucht dienen. Darum haben alle Religionen bestimmte Gebetszeiten festgelegt. Leider sind sie heute rein mechanisch und formal, um nicht zu sagen heuchlerisch, geworden. Was wir also brauchen, ist eine rechte innere Haltung beim Gebet.

(16/17)

Reinigung

Ziel unseres Gebets ist es nicht, Gott zu gefallen – denn Er braucht unser Bitten und Loben nicht –, sondern uns selbst zu reinigen. Der Vorgang der Selbstreinigung besteht in der bewußten Vergegenwärtigung Seiner Gegenwart in uns. Eine größere Kraft gibt es nicht als die, welche aus solcher Erkenntnis erwächst. Die Gegenwart Gottes muß uns in allen Lebenslagen bewußt sein. Wenn du meinst, sobald du den Ort des Gebets verlassen hast, kannst du leben und handeln wie du willst, dann hat es keinen Sinn, daß du am Gebet teilnimmst.

(31)

Der ewig gleiche Kampf

Der Mensch ist dazu bestimmt, alte Gewohnheiten zu überwinden, das Böse in sich zu besiegen und dem Guten wieder seinen rechtmäßigen Platz einzuräumen.

... Wir müssen uns entscheiden, ob wir uns mit den Mächten des Bösen oder des Guten verbünden wollen. Und zu Gott beten, bedeutet nichts anderes als einen geheiligten Bund zwischen Gott und dem Menschen, durch den er befreit wird aus den Klauen des Fürsten der Finsternis. Doch ein Gebet, das von Herzen kommt, wird nicht einfach mit den Lippen gesprochen. Es ist ein Verlangen, das im Inneren des Menschen entspringt, das sich in jedem Wort, jedem Handeln, ja in jedem Gedanken des Menschen ausdrückt. Wenn sich ihm ein schlechter Gedanke mit Erfolg aufdrängt, dann kann er daran sehen, daß er nur mit den Lippen gebetet hat; und gleiches gilt für ein böses Wort, das seinen Lippen entgleitet, oder eine schlechte Tat. Echtes Gebet ist ein absoluter Schild und Schutz gegen dieses Dreigespann des Bösen. Doch stellt sich der Erfolg nicht immer schon beim allerersten Bemühen um ein solch lebendiges Gebet ein. Wir müssen gegen uns selbst kämpfen, wir müssen uns zum Trotz glauben, auch wenn es Monate und Jahre bedeutet. Darum heißt es grenzenlose Geduld zu üben, wenn wir die Wirksamkeit des Gebets erleben wollen. Dabei werden wir Dunkelheit, Enttäuschung und noch Schlimmeres erfahren; doch sollen wir mit großem Mut gegen all dies ankämpfen und nicht in Feigheit verfallen. Für einen Menschen des Gebets gibt es keinen Rückzug.

(13/14)

Bete einfach!

Frage: Welchen Rat geben Sie jungen Menschen, die einen aussichtslosen Kampf gegen ihre niedrige Natur führen und bei Ihnen Rat suchen?

Gandhi: Einfach beten! Man muß sich selbst vollkommen demütigen und jenseits seiner selbst Ausschau halten nach innerer Kraft.

Frage: Aber was ist, wenn diese jungen Menschen darüber klagen, daß ihr Gebet nicht erhört wird, daß es ihnen vorkommt, als sprächen sie ins Blaue hinein?

Gandhi: Wer auf sein Gebet eine Antwort verlangt, der versucht Gott. Wenn das Beten keinen Trost bringt, dann war es nur ein reines Lippengebet. Wenn das Gebet nicht hilft, dann hilft auch nichts anderes. Man darf nicht nachlassen. Dies ist meine Botschaft an die Jugend. Ihnen zum Trotz sollen die jungen Menschen der alles überwindenden Kraft von Glaube und Liebe vertrauen.

Frage: Das Problem unserer Jugend ist doch, daß das Studium der Wissenschaften und der modernen Philosophie ihren Glauben zerstört hat und sie im Feuer des Unglaubens verbrennen.

Gandhi: Das kommt nur daher, daß sie den Glauben als eine Bemühung des Verstandes begreifen und nicht als eine Erfahrung der Seele. Der Verstand trägt uns in unserem Lebenskampf bis zu einer gewissen

Grenze, doch im entscheidenden Moment versagt er. Der Glaube übersteigt den Verstand. Wenn der Horizont am dunkelsten ist und die menschliche Vernunft am Boden niederliegt, dann leuchtet der Glaube auf wie ein helles Licht und kommt uns zu Hilfe. Solchen Glauben braucht unsere Jugend, und der wächst, wenn man allen Hochmut des Verstandes abgeworfen und sich ganz Seinem Willen überliefert hat.

(46/47)

Ich kann nur sagen, daß mir seit meiner Kindheit das Gebet Trost und Kraft gewesen ist. Es gibt Menschen, die von Zweifel und Verzweiflung heimgesucht werden. Sie brauchen den Namen Gottes. Gott hat uns in Seinem Bund versprochen, daß Er jeden stärken will, der in Schwäche und Hilflosigkeit zu Ihm kommt. »Wenn ich schwach bin, dann bin ich stark.« Wie schon der Dichter *Surdās* gesungen hat: »*Rāma* ist die Kraft der Schwachen.« Diese Kraft kann man nicht erlangen, wenn man zu den Waffen greift oder zu ähnlichen Mitteln. Sie ist allein für den erfahrbar, der sich auf Seinen Namen verläßt. *Rāma* ist nur ein anderer Name für Gott. Du kannst Gott sagen oder Allah oder was immer du möchtest; doch in dem Augenblick, wo du auf nichts mehr vertraust außer auf Ihn, bist du stark, und alle Verzweiflung schwindet.

Es gibt ein Lied, das erzählt die Geschichte von dem Herrn der Elefanten, der im Rachen eines Krokodils steckte und schon fast ertrunken war. Nur die Spitze seines Rüssels schaute noch aus dem Wasser heraus. Da rief er den Namen Gottes an und wurde gerettet. Zweifellos handelt es sich hier um eine Allegorie. Doch bringt sie eine Wahrheit zum Ausdruck, die auch ich immer wieder in meinem Leben erfahren habe. Selbst in der dunkelsten Verzweiflung, wenn es so aussieht, als gäbe es keinen Helfer und keinen Trost auf der ganzen weiten Welt, erfüllt uns Sein Name mit Kraft und schlägt alle Zweifel und Verzweiflung in die Flucht.

(51/52)

Das Gebet ist die stärkste verbindende Kraft; es fördert die Einheit und Solidarität der Menschheitsfamilie. Wenn ein Mensch im Gebet erkannt hat, daß Gott und er eins sind, dann wird er jeden seiner Mitmenschen wie sich selbst betrachten. Dann gibt es nicht mehr hoch und niedrig, keinen engstirnigen Provinzialismus oder kleinliche Rivalitäten hinsichtlich der Sprache zwischen Andhras und Tamilen, zwischen Kanaresen und Malayalis. Dann gibt es nicht mehr die verhaßte Unterscheidung zwischen Berührbaren und Unberührbaren, zwischen Hindus und Moslems, Persern, Christen oder Sikhs. Dann gibt es kein Gerangel mehr um persönlichen Gewinn oder um Machtpositionen zwischen den jeweiligen Gruppen oder den einzelnen Mitgliedern einer Gruppe.

Das Äußere muß ein Spiegel des Inneren sein. Wenn wir mit Gott in Einklang leben, dann könnte eine Versammlung noch so groß sein – es würden absolute Ruhe und Ordnung herrschen, und selbst der Schwächste wäre vollkommen geschützt. Das ist das Wichtigste: Die Erkenntnis Gottes muß Freiheit von aller irdischen Furcht bedeuten.

(19/20)

Spontaneität

Bei der Verwirklichung von Wahrheit und Gewaltlosigkeit habe ich in dem Maße Erfolg gehabt, wie ich aus dem Gebet gelebt habe. Gebet sollte eine spontane Herzenserhebung sein. Man sollte nicht beten, wenn man das Gefühl hat, es sei eine Last. Gott hungert nicht nach dem Gebet oder dem Lob des Menschen. Er erträgt alles, weil er die vollkommene Liebe ist. Wenn wir das Gefühl haben, wir stünden in Seiner Schuld, da Er ja der Geber aller Gaben ist, dann sollten wir uns Seiner erinnern und voll Dankbarkeit zu Ihm beten. Die Angst davor, sich lächerlich zu machen oder irgend jemandes Unwillen zu erregen, darf uns niemals davon abhalten, unserer grundlegenden Pflicht gegenüber dem Schöpfer nachzukommen.

(32)

Fürbitten

Ich weiß nichts davon, daß Gebete dem Leben derer, denen sie gelten, auch nur eine einzige Sekunde hinzufügen. Aber sie erheben diejenigen, die beten, und trösten jene, für die die Gebete gesprochen werden. (198)

WEGE
ZUR GEMEINSCHAFT
MIT GOTT

Ständige Übung

Es gibt viele, die aus geistiger Trägheit oder aus einer schlechten Angewohnheit heraus glauben, Gott werde uns ungebeten helfen. Warum soll man dann Seinen Namen aussprechen? Es ist wahr: Wenn es Gott gibt, dann gibt es Ihn unabhängig von unserem Glauben. Doch um Gott für uns Wirklichkeit werden zu lassen, braucht es unendlich mehr als bloßen Glauben. Es gelingt nur durch ständige Übung. Dies gilt von jeder Wissenschaft; um wieviel mehr dann erst von der Wissenschaft aller Wissenschaften?

Der Mensch wiederholt den Namen Gottes oft plappernd wie ein Papagei und erhofft sich dann Früchte davon. Der wahrhaft Suchende muß einen so lebendigen Glauben haben, daß er die Unwahrhaftigkeit dahingeplapperter Wiederholungen nicht nur in sich ausmerzt, sondern auch in den Herzen anderer.

(34)

Reue

Irren ist menschlich. Wenn wir unsere Fehler bekennen, dann verwandeln wir sie in Stufen des Fortschritts. Ein Mensch dagegen, der versucht, seine Fehler zu verbergen, wird zum Betrüger und sinkt tiefer. Der Mensch ist weder eine vernunftlose Kreatur noch ein Gott. Er ist vielmehr ein Geschöpf Gottes, das danach strebt, seine eigene Göttlichkeit zu erfahren *. Die Mittel dazu sind Reue und Selbstreinigung. In dem Augenblick, wo wir bereuen und Gott um Vergebung für unsere Verfehlungen bitten, sind wir gereinigt von unseren Sünden, und ein neues Leben beginnt. Wahrhaftige Reue ist eine wesentliche Vorbedingung für das Gebet. Gebet ist kein bloßes Lippenbekenntnis. Es muß sich auch im Handeln ausdrücken.

56)

* Nach hinduistischer Anschauung besitzt jeder Mensch eine göttliche Seele.

Die Macht des Gebets

Das Gebet schenkt uns einen Frieden, eine Kraft und einen Trost, wie nichts anderes sie geben kann. Doch muß es von Herzen kommen. Wenn es nicht aus dem Herzen dargebracht wird, dann ist es, als ob man eine Trommel schlägt oder einfach wie ein Laut, der aus der Kehle dringt. Entspringt das Gebet dem Herzen, dann hat es die Kraft, ganze Berge des Elends zu schmelzen.

Wer will, kann gerne seine Macht erproben.

(83)

Selbstbeherrschung

*Moksha** bedeutet Befreiung von unreinen Gedanken. Ohne unablässige Buße ist es unmöglich, unreine Gedanken vollständig auszutilgen. Es gibt nur einen Weg, auf dem dies gelingen kann: Sobald ein unreiner Gedanke auftaucht, stell' ihm einen reinen gegenüber. Das ist nur mit Gottes Gnade möglich, und Gottes Gnade kommt durch ständige Gemeinschaft mit Ihm und durch vollkommene Selbstaufgabe. Diese Gemeinschaft mit Gott mag anfänglich nur aus der Wiederholung Seines Namens mit den Lippen bestehen, wobei sogar noch unreine Gedanken stören. Doch schließlich wird das, was die Lippen formen, auch vom Herzen Besitz ergreifen. Und noch etwas sollte man sich klarmachen: Mögen auch

* Befreiung, Erlösung (der Seele von der endlichen, unvollkommenen Welt).

die Gedanken umherschweifen – laß niemals zu, daß die Sinne es ihnen nachtun. Wenn die Sinne dorthin wandern, wohin die Gedanken sie ziehen, dann ist es um einen geschehen. Wer jedoch seine äußeren Sinne unter Kontrolle hält, der wird auch eines Tages dazu fähig sein, seine unreinen Gedanken zu kontrollieren. Unreine Gedanken brauchen dich nicht zu erschrekken. Wir sind Herrscher über das Reich der Bemühungen. Gott jedoch ist der einzige Herrscher über das Reich der Erfolge ... Du weißt, was du zu tun hast, um eine Atmosphäre der Reinheit um dich zu schaffen: wenig essen, den Blick zu Boden neigen und unduldsam dir selbst gegenüber sein, bis zur Bereitschaft, dir dein Auge auszureißen, »wenn es dir zum Ärgernis wird«.

(53)

Die goldene Regel

Es gibt eine goldene Regel, wie man die Kontrolle über seine sinnlichen Begierden erlangen kann. Das ist die Wiederholung des göttlichen Wortes *»Rāma«* oder eines anderen solchen *Mantra**. Jeder muß sich den Mantra aussuchen, der seinem Herzen gemäß ist. Ich habe das Wort *»Rāma«* vorgeschlagen, denn ich bin als Kind damit aufgewachsen, und es ist mir immer Kraft und Beistand gewesen. Welchen Mantra auch immer man sich aussucht, man sollte sich damit identifizieren, während man ihn hersagt. Ich habe nicht den geringsten Zweifel, daß schließlich die Wiederholung eines solchen Mantra im festen Glauben zum Erfolg führen wird, auch wenn andere Gedanken den Geist ablenken. Der Mantra wird zum Licht des Lebens und wird einen vor aller Not bewahren. Solche heiligen Mantra dürfen natürlich niemals für materielle Zwecke mißbraucht werden. Wenn sie aber nur streng dazu dienen, die Moral zu bewahren, dann wird man zu bemerkenswerten Erfolgen kommen. Eine nur dahergeplapperte Wiederholung eines Mantra kann ja keinen Nutzen haben. Man sollte seine ganze Seele hineinlegen. Ein Papagei wiederholt ihn wie eine Maschine. Wir aber müssen beim Beten darauf achten, unwillkommenen Gedanken den Zutritt zu verwehren und fest daran zu glauben, daß der Mantra diese Wirkung erreicht.

(54/55)

* Gebetsformel, Stoßgebet

Auch wenn deine Gedanken beim Beten umherschweifen, darfst du nicht aufhören. Zieh dich an einen abgelegenen Ort zurück, setz dich richtig hin und versuche, alle Gedanken draußen zu lassen. Wenn sie auch dann immer noch kommen, sollst du trotzdem dein Gebet nicht abbrechen. Nach und nach wirst du die Gedanken unter Kontrolle bekommen. Auch die *Gītā** sagt, daß die Gedanken ruhelos sind, sie sagt uns aber auch, daß wir sie mit beharrlicher Anstrengung unter Kontrolle bringen können. »Niemals sollen wir uns freiwillig geschlagen geben, auch wenn wir im Kampf unser Leben lassen.«

(108)

* Bhagavad-Gītā – berühmtes Lehrgedicht des Hinduismus: ein Dialog zwischen Gott Krishna und Arjuna; Teil des Epos »Mahabharata«.

Gottes-Vorstellungen

Wahre Meditation bedeutet, die Augen und Ohren des Geistes allem zu verschließen außer dem Gegenstand der Anbetung. Während des Gebets die Augen zu schließen, hilft also solch einer Konzentration. Der Mensch kann sich natürlicherweise nur eine beschränkte Vorstellung von Gott machen. Darum muß jeder so von Ihm denken, wie es ihm selbst am besten erscheint, vorausgesetzt die Vorstellung ist rein und erhebend.

(83)

Anziehungskraft

Wenn das Gebet von Herzen kommt, dann ist die Aufmerksamkeit des Beters so sehr auf den Gegenstand seiner Anbetung konzentriert, daß er alles andere um sich herum nicht wahrnimmt. Man hat den Beter zu Recht mit einem Liebenden verglichen. Der Liebende vergißt die ganze Welt und sogar sich selbst in der Gegenwart des Geliebten. Die Vereinigung des Beters mit Gott sollte noch enger sein. Dies erreicht man nur nach vielen Kämpfen, leidvoller Askese *(tapas)* und Selbstdisziplin. Wo ein Ort von der Anwesenheit eines solchen Beters geheiligt wird, braucht man den Menschen keinen Anreiz mehr zu bieten, zum Gebet zu kommen, denn sie werden schon allein von der Kraft seiner Anbetung ins Haus des Gebets gezogen.

(154)

Wenn wir nach der Wahrheit streben, dann können wir uns nicht mit der bloßen Teilnahme an den Gebetstreffen begnügen, sondern wir werden versuchen, unsere Aufmerksamkeit ganz darauf zu konzentrieren. Wir werden uns bemühen, den Liedern und Lehrtexten zu folgen, pünktlich beim Gebet zu sein und es jeden Tag als eine neue Erfahrung zu erleben. Diese tägliche Neuheit hängt nicht mit der Vielfalt der *Bhajans** oder anderer Lesungen zusammen, sondern sollte das Ergebnis einer immer größeren Reinheit unseres Herzens sein. Wir sollten von Tag zu Tag zufriedener werden und eine größere geistige Ruhe erleben. Wenn wir diese Erfahrung nicht machen, dann liegt der Fehler nicht im Wert des Gebets, sondern in einer gewissen Unwahrhaftigkeit in uns selbst. Wenn wir am Gebet teilnehmen und uns ernsthaft der Wahrheit verschrieben haben, dann werden wir nichts als Frieden erfahren. Wer mit gläubigem Herzen einen Tempel besucht, wird nicht auf die fehlende Reinlichkeit dort achten oder sein Augenmerk auf die Heuchelei des Priesters richten. Er wird das Götterbild dort nicht als einen Stein betrachten. Er erfährt Frieden inmitten des Lärms und kehrt geläuterten Herzens aus dem Tempel zurück. Jemand wie ich, der fast umkommt bei dem Lärm dort und für den das Götterbild nur ein Stück Stein ist, sollte niemals einen Tempel besuchen. Gott erscheint uns in der Form, in der wir Ihn anbeten. Denn Er ist nicht

* Bhajans – religiöse Lieder.

außerhalb unserer selbst. Er ist in unser aller Herzen. Wenn wir diese Wahrheit begriffen haben, werden auch unsere einfachsten und kleinsten Taten einen Glanz auf uns werfen und uns helfen, Gott zu schauen. Damit wir das lernen, darum die Gebete, das Spinnen am Spinnrad* und andere tägliche Pflichten – sie sind für uns wie ein spiritueller Leuchtturm oder eine genaue Meßlatte, an der alles gemessen werden kann.

(89)

* Gandhi führte Spinnen als geistige Übung ein.

Tägliche Betrachtung

Du solltest jeden Tag zeitig aufstehen und zum Gebet gehen. Magst du dich auch von anderen Verpflichtungen entschuldigen, niemals jedoch vom Gebet. Bemühe dich darum, deinen Geist in eine Haltung zu versetzen, daß er für eine halbe Stunde von nur einem einzigen Gedanken beherrscht wird. So sollte jeder für sich eine Zeit der Betrachtung festsetzen. Sie schafft uns die Möglichkeit, uns eins zu fühlen mit allen lebenden Geschöpfen.

(90)

Gebet und Fasten

Ich habe heute tiefer denn je begriffen, daß es kein Gebet ohne Fasten gibt, sei letzteres auch noch so gering. Dieses Fasten betrifft nicht nur den Gaumen, sondern alle Sinne und Organe. Völlige Versunkenheit im Gebet muß bedeuten, daß alle leiblichen Tätigkeiten völlig aufhören, bis das Gebet von unserem ganzen Wesen Besitz ergriffen hat und wir über alle leiblichen Abläufe hinauswachsen und völlig von ihnen losgelöst sind. Diesen Zustand kann man nur erreichen, wenn man fortwährend und willentlich sein Fleisch gekreuzigt hat. Darum ist alles Fasten, wenn es spiritueller Natur ist, ein intensives Gebet oder die Vorbereitung dazu. Es ist ein Verlangen der Seele, in das göttliche Sein einzutauchen.

(116)

Ich bin davon überzeugt und habe es erlebt, daß Fasten und Gebete, wenn sie mit aufrichtigem Herzen und in religiöser Gesinnung abgehalten werden, die erstaunlichsten Ergebnisse erzielen können. Nichts ist so läuternd wie ein Fasten, doch Fasten ohne Gebet ist unfruchtbar. Wenn einer krank ist, kann es ihm helfen, wieder gesund zu werden, andernfalls führt es nur dazu, daß ein Gesunder unnötig leidet. Wenn einer nur fastet, um sich großzutun oder anderen Leid zuzufügen, dann ist das eine unverzeihliche Sünde. Denn nur ein Fasten im Geist des Gebets, das einer als Sühne auf sich nimmt, um einen Gewinn daraus zu ziehen, kann als religiöses Fasten bezeichnet werden. Beten heißt nicht, Gott um weltliches Glück oder um Dinge bitten, die in unserem eigenen Interesse liegen; es ist der ernsthafte Aufschrei einer Seele, die in Bedrängnis ist. Sie kann gar nicht anders, als auf die ganze Welt einzuwirken und sich am himmlischen Königshof Gehör zu verschaffen. Wenn ein Einzelner oder ein Volk wegen einer großen Not leidet, dann ist die wahre Einsicht in dieses Leiden schon Gebet; und angesichts dieser läuternden Erkenntnis werden leibliche Dinge wie Essen usw. weniger wichtig. Eine Mutter leidet, wenn ihr einziger Sohn stirbt. Sie hat dann kein Bedürfnis danach zu essen. Ein Volk ist geboren, wenn alle denselben Schmerz fühlen angesichts der Leiden eines Einzelnen unter ihnen; ein solches Volk verdient es, unsterblich zu sein. Wir sind uns dessen wohl bewußt, daß eine große Zahl unserer Brüder und Schwestern in Indien in großem Leid leben, und darum haben wir wahrlich zu jeder Zeit die Veranlassung zu einem betenden Fasten. Doch hat unser Volksempfinden eine solche Stufe der Intensität und Reinheit noch nicht erreicht. Dennoch, ich sehe Situationen kommen, wo wir wirklich leiden.

(118)

Notlage

Meine Religion lehrt mich, daß wir immer dann, wenn wir eine Notlage nicht beheben können, fasten und beten müssen.

(116)

Gebetsatmosphäre

Meinen Gebeten fehlt hier (als Erster-Klasse-Gast auf einem Schiff) die Tiefe, die heitere Ruhe und die Konzentration, die ihnen zu eigen war, als ich im Gefängnis saß. Ich schreibe das nicht leichthin, sondern erst nach reiflichen Überlegungen. Ich denke jeden Tag über diese Dinge nach. Und so habe ich erkannt, daß diejenigen, die Gott dienen wollen, nicht nach Bequemlichkeit streben oder dem Luxus hinterherjagen können. In einer Atmosphäre von Luxus kann das Gebet sich nicht leicht entfalten. Auch wenn wir selbst den Luxus nicht teilen, können wir uns trotzdem seinem natürlichen Einfluß nicht entziehen. Die Energie, die wir darauf verwenden, uns dieses Einflusses zu erwehren, geht auf Kosten unserer Bemühung im Gebet.

(145)

Die leise Stimme

Schon oft ist mir klargeworden, daß, wer nach Wahrheit sucht, schweigsam sein muß. Ich kenne die wunderbare Wirkung des Schweigens. In Südafrika habe ich einmal ein Trappistenkloster besucht. Was für ein herrlicher Ort! Die meisten Bewohner des Klosters waren durch das Schweigegelübde gebunden. Ich fragte den Abt nach den Motiven dafür, und er sagte, der Grund liege auf der Hand: »Wir sind schwache Menschen; wir wissen sehr oft nicht, was wir sagen. Wenn wir auf die sanfte, leise Stimme hören wollen, die immer in uns spricht, dann werden wir sie nicht verstehen können, wenn wir selbst ständig reden.« Diese wertvolle Lehre habe ich begriffen. Ich kenne also das Geheimnis des Schweigens.

(91)

Schweigen und Wahrheit

Die Erfahrung hat mich gelehrt, daß Schweigen Teil der spirituellen Übung ist, der sich ein Wahrheitssucher unterwirft.

Es ist eine natürliche Schwäche des Menschen, die Wahrheit – wissentlich oder unwissentlich – zu übertreiben, zu unterdrücken oder abzuwandeln; da ist das Schweigen hilfreich, um diese Schwäche zu überwinden. Ein Mensch, der nur wenige Worte macht, wird selten gedankenlos daherreden. Er wird jedes Wort abwägen.

(91)

Der Wert des Schweigens

Wenn man darüber nachdenkt, so kann man sich des Eindrucks nicht erwehren, daß nahezu die Hälfte allen Elends auf der Welt verschwinden würde, hätten wir elenden Sterblichen den Wert des Schweigens kennengelernt.

(91)

Wahrheits-Sucher

Schweigen ist eine große Hilfe für einen Wahrheitssucher wie mich. Im Zustand des Schweigens findet die Seele ihren Weg in einem klareren Licht, und alles Trügerische und alle Täuschung lösen sich auf in kristallene Klarheit. Unser Leben ist eine lange, beschwerliche Suche nach der Wahrheit, und die Seele braucht innere Ruhe, um zu ihrer vollen Größe zu gelangen.

(92)

Im Schutz des Vaters

Frage: Hat in Ihrem Beten auch das Bittgebet einen Platz?

Gandhi: Ja und nein. Gott kennt unsere Wünsche und sieht sie im voraus. Die Gottheit braucht meine Bitten nicht, doch ich, als ein ganz unvollkommenes menschliches Wesen, brauche Seinen Schutz wie ein Kind den des Vaters. Und doch weiß ich, daß nichts, was ich tue, an Seinen Plänen etwas ändern kann. Wenn Sie wollen, können Sie mich einen Fatalisten nennen.

Frage: Erfahren Sie irgendeine Antwort auf Ihr Gebet?

Gandhi: In dieser Hinsicht kann ich mich glücklich schätzen. Niemals habe ich erlebt, daß Er mir die Antwort schuldig geblieben ist. Ich habe Ihn am tiefsten erfahren, wenn alles um mich herum dunkel war – während meiner Leiden im Gefängnis, als die Dinge für mich keineswegs immer glatt gelaufen sind. Ich kann mich an keinen Augenblick in meinem Leben entsinnen, wo ich das Gefühl gehabt hätte, von Gott verlassen zu sein.

(73)

Wenn ich bete, dann bitte ich um nichts, sondern denke ganz einfach an einige Verse oder Hymnen, an denen ich in diesem Moment Gefallen finde.

Die Beziehung zwischen Gott und mir ist, nicht nur während des Gebets, sondern zu allen Zeiten, die zwischen einem Herrn und seinem Sklaven, der in ewiger Knechtschaft lebt.

Für mich ist das Gebet die tiefe Sehnsucht des Herzens, ganz im Herrn aufzugehen. Wenn ein Mensch nicht betet, dann kennt er offenbar keine Sehnsucht; er kennt kein Gefühl der Hilflosigkeit, und wo es keine Hilflosigkeit gibt, da gibt es auch keinen Grund zu helfen.

(73)

Man kann im Hinblick auf eine Person oder eine bestimmte Angelegenheit beten und darin sogar erhört werden. Wenn wir jedoch beten, ohne ein solch spezielles Anliegen im Blick zu haben, dann wird das für uns und auch für die Welt von größerem Nutzen sein. Gebet übt einen Einfluß auf uns selbst aus; unsere Seele wird wachsamer, und je wachsamer sie wird, desto größer wird ihre Einflußsphäre.

Gebet ist eine Tätigkeit des Herzens. Wir beten laut, um das Herz aufzuwecken. Die Kraft, die das Universum durchdringt, ist auch im menschlichen Herzen gegenwärtig. Der Leib setzt ihr keinerlei Hindernis entgegen. Wenn es ein Hindernis gibt, dann haben wir es uns selbst geschaffen, und durch das Gebet wird es beseitigt. Wir können niemals wissen, ob ein Gebet das erhoffte Ergebnis gebracht hat oder nicht. Ich kann darum beten, daß Narmada von ihren Schmerzen erlöst wird; doch auch wenn sie hinterher keine Schmerzen mehr hat, darf ich dies nicht meinem Gebet zuschreiben.

Das Gebet ist niemals fruchtlos, doch können wir nicht wissen, worin seine Frucht besteht. Wir sollen uns auch nicht einbilden, daß es eine gute Sache ist, wenn es zum ersehnten Ziel führt. Auch hier gilt es, die Lehre der *Gītā* zu befolgen. Wir sollen für etwas beten und doch frei bleiben von allen Verhaftungen. Wir können für die Erlösung *(mukti)* eines Menschen beten, doch sollten wir uns nicht darum sorgen, ob er das, was wir für ihn erwünschen, bekommt oder nicht. Auch wenn das Ergebnis genau das Gegenteil von dem ist, was wir erbeten haben, dann ist dies noch kein Anlaß zu folgern, daß unser Gebet fruchtlos gewesen ist.

(79/80)

Das Ideal

Es gibt im Grunde nur ein Gebet, das wir darbringen können: Dein Wille geschehe. Nun mag man fragen, worin der Sinn eines solchen Gebets liegt. Die Antwort lautet: Man sollte Gebet nicht vordergründig, grob auffassen. Wir wissen wohl, daß Gott in unserem Herzen gegenwärtig ist, und um uns von allen anderen Bindungen freizumachen, stellen wir uns Ihn für diesen Augenblick von uns losgelöst vor und beten zu Ihm. Mit anderen Worten, wir wollen nicht dahin gehen, wohin unser eigensinniger Wille uns führen mag, sondern wo uns der Herr hinbringt. Wir wissen ja nicht, ob es gut ist zu leben oder zu sterben. Darum sollten wir weder viel Vergnügen am Leben finden noch erschauern bei dem Gedanken an den Tod. Wir sollten beiden gegenüber gleichmütig sein. Das ist das Ideal. Es mag lange dauern, bevor wir es erreichen, und nur wenigen von uns gelingt es. Doch auch dann müssen wir das Ziel beständig vor Augen haben, und je schwieriger es zu sein scheint, es zu erreichen, um so größer sollte die Mühe sein, die wir darauf verwenden.

(78)

SELBSTLOSER
DIENST
AN DEN ARMEN

Das himmlische Königreich

Gott kommt nicht in eigener Person herab, um das Leid aus der Welt zu schaffen. Er wirkt durch die Vermittlung des Menschen. Wenn wir darum zu Gott beten, Er möge uns befähigen, das Leiden anderer zu lindern, dann muß das auch heißen, daß wir selbst das Verlangen und die Bereitschaft haben, dafür zu arbeiten. Gebet schließt nichts aus. Es beschränkt sich nicht auf die eigene Kaste oder Gemeinschaft. Es schließt alles mit ein. Es umfaßt die ganze Menschheit. Echtes Gebet bedeutet darum, daß wir auf Erden das himmlische Königreich errichten.

(20)

Gottesdienst und Menschen-Dienst

Frage: Wäre es nicht besser, daß ein Mensch die Zeit, die er mit der Anbetung Gottes zubringt, für den Dienst an den Armen einsetzt? Und könnte nicht ein aufrichtiger Dienst an solchen Menschen Gottesdienst und Anbetung überflüssig machen?

Gandhi: Hinter dieser Frage scheinen mir gedankliche Trägheit und auch Agnostizismus zu stecken. Selbst die größten *Karma-Yogis** haben niemals auf fromme Gesänge oder Gottesdienste verzichtet. Im Idealfall könnte man zwar sagen, daß wahrer Dienst an den Armen selbst schon Gottesdienst ist, und daß solche frommen Menschen keine Zeit mit Gesängen und ähnlichem zubringen müssen. Aber es ist eine Tatsache, daß *Bhajans* usw. eine Hilfe für den aufrichtigen Dienst sind und das Andenken an Gott im Herzen des Frommen lebendig halten.

Frage: Sind nicht auch Meditation und Anbetung eine heilige Pflicht?

Gandhi: Meditation und Anbetung sind nicht so exklusiv, daß man sie wie Juwelen in einer sicher verschlossenen Schatulle aufbewahren müßte. Sie sollen vielmehr in jeder unserer Handlungen sichtbar werden.
(77/78)

* Yogis, die in selbstloser Absicht den Menschen dienen.

Die Religion des Spinnrads

Der Moslem zählt die Perlen seines *tasbih* und der Christ die seines Rosenkranzes. Doch würden sich beide ihrer Religion gegenüber als untreu empfinden, wenn ihr *tasbih* oder ihr Rosenkranz sie davon abhielte, dem zu Hilfe zu kommen, der zum Beispiel von einer Schlange gebissen am Boden liegt. Allein die Kenntnis der *Vedas** macht unsere Brahmanen ** noch nicht zu geistlichen Lehrern ... Ein Brahmane, der die Religion unserer Tage begriffen hat, wird die Beschäftigung mit den Vedas sicher als zweitrangig betrachten; er wird vielmehr die Religion des Spinnrads verkünden, wird den Hunger von Millionen seiner verhungernden Landsleute lindern wollen, und erst dann – und nicht eher – wird er sich selbst im Studium der *Vedas* verlieren.

(75)

* die ältesten heiligen Schriften der Hindus.

** Angehörige der Priester-Kaste.

Gebet und Arbeit

Echtes Gebet, das von Herzen kommt, hat immer echte Arbeit zur Folge. Und am Ende wird die Arbeit selbst zum Gebet.

(76)

Wo Gott wohnt

Es gibt keinen reineren und Gott wohlgefälligeren Gottesdienst als den selbstlosen Dienst an den Armen. Die Reichen in ihrer Arroganz und in ihrem intellektuellen Stolz vergessen Gott oft und stellen sogar Seine Existenz in Frage. Doch Gott wohnt unter den Armen, denn sie klammern sich an Ihn, der ihre einzige Zuflucht und ihr Schutz ist. Den Armen dienen heißt also, Ihm selbst zu dienen.

(77)

Wenn wir in uns die Fähigkeit entwickeln wollen, alle Menschen als gleich anzusehen, dann sollte es auch unser Ziel sein, nur das zu bekommen, was auch der Rest der Welt bekommt. Wenn also die ganze Welt Milch bekommt, dann sollen auch wir welche haben. Wir müßten also zu Gott beten und sagen: »O Gott, wenn Du es wünschst, daß ich Milch bekomme, dann gib sie erst dem Rest der Welt.« Doch wer kann in dieser Weise beten? Nur der, der so sehr mit den anderen mitempfindet und sich für ihr Wohl einsetzt. Auch wenn wir dieses Prinzip nicht verwirklichen können, müssen wir es doch wenigstens verstehen und gutheißen. Darum sollte zur Zeit unser einziges Gebet zu Gott darin bestehen, daß Er von uns, die wir so tief gefallen sind, auch die kleinen Dinge annimmt, die wir tun können. Auch wenn wir in dieser Richtung keine sehr großen Fortschritte machen, möge Er uns dennoch die Kraft geben, unseren Besitz einzuschränken. Wenn wir diese Sünden bereuen, dann wird unser Besitz schließlich nicht weiter anwachsen. Wir sollten nichts für uns behalten und meinen, es sei unser Eigentum, sondern vielmehr darum kämpfen, so viel von unserem Besitz aufzugeben wie wir nur können.

(166/167)

FORMEN DER ANBETUNG

Geläutertes Gold

Mehr und mehr erkennen wir, daß es die Anbetung Gottes ist – und sei sie auch noch so primitiv – die den Menschen vom Tier unterscheidet. Daß er zusätzlich im Besitz dieser Fähigkeit ist, gibt ihm einen so ungeheuren Einfluß auf Gottes Schöpfung. Dabei ist es gänzlich unbedeutend, daß Millionen gebildeter Menschen niemals eine Kirche, Moschee oder einen Tempel besuchen. Das gehört nicht natürlich und notwendig zur Anbetung dazu. Sogar Menschen, die ihr Haupt vor Baumstümpfen oder Steinen neigen, die an Zaubersprüche oder Geister glauben, erkennen eine Macht über sich und jenseits ihrer selbst an. Sicher ist diese Form der Anbetung sehr unausgereift; dennoch, es ist Anbetung Gottes. Gold bleibt immer Gold, auch in der unedelsten Form. Es bedarf nur der Läuterung, damit auch der Unwissende es wie Gold behandelt. Keine noch so vollkommene Läuterung wird Erz in Gold verwandeln können. Zweifellos ist es Sache des Menschen, die Anbetung immer mehr zu veredeln. Die primitivsten Formen der Anbetung sind so alt wie Adam, sie sind natürlich wie Essen und Trinken, wenn nicht noch natürlicher. Ein Mensch kann tagelang ohne Essen auskommen, er kann jedoch keine einzige Minute ohne das Gebet leben. Es kann sein, daß er diese Tatsache nicht erkennt, so wie ein unwissender Mensch nicht erkennt, daß er Lungen besitzt oder sich seines Blutkreislaufs nicht bewußt ist.

(126/127)

Kein hohler Aberglaube

Das Gemeinschaftsgebet ist eine große Sache. Was wir selten allein tun, das tun wir hier zusammen mit anderen ... Es ist eine allgemeine Erfahrung, daß Menschen, die keinen ganz starken Glauben haben, Hilfe und Halt im gemeinsamen Gebet suchen. Nicht alle, die da in die Kirchen, Tempel oder Moscheen strömen, sind Spötter oder Schwindler. Es sind ernsthafte Männer und Frauen. Für sie ist das Gemeinschaftsgebet – wie das tägliche Bad – von existentieller Notwendigkeit. Diese Orte der Anbetung pflegen keinen hohlen Aberglauben, der bei der erstbesten Gelegenheit in sich zusammenfällt. Sie haben bis heute allen Angriffen standgehalten und werden sicher bestehen bis ans Ende der Zeiten.

(39)

Die Kraft der Reinheit

Wenn wir Gebetstreffen besuchen, dann um mit Gott Gemeinschaft zu haben und unseren suchenden Blick nach innen zu lenken, damit wir – mit Gottes Hilfe – unsere Schwachheit überwinden können. Ich glaube, daß man in der Gemeinschaft mit dem Reinen auch reine Gedanken in sich aufsaugt. Auch wenn es nur einen einzigen reinen Menschen geben sollte, so würden doch alle anderen von der Reinheit dieses einen berührt werden. Es ist Voraussetzung, daß wir in dieser Haltung zum Gebet kommen – sonst ist unser Kommen sinnlos. Ja, ich gehe weiter und behaupte, auch wenn wir alle unsere Schwachheiten hätten, würden uns aber zum Gebet zusammenfinden mit der Absicht, sie zu überwinden, dann würde unser tagtägliches gemeinsames Bemühen eine rasche Besserung herbeiführen. Denn wenn schon eine Zusammenarbeit auf wirtschaftlichem oder politischem Feld notwendig ist, so ist sie um so notwendiger auf der moralischen Ebene. Hierin liegt die Bedeutung der Gebetstreffen, die ich seit meiner Rückkehr nach Indien abzuhalten pflege.

(103/104)

Gemeinsame Anbetung

Es steht dem Menschen gut an, sich alle 24 Stunden des Tages seines Schöpfers zu erinnern. Wenn wir das nicht können, dann sollten wir uns zumindest zur Gebetszeit zusammenfinden, um unseren Bund mit Gott zu erneuern. Ob Hindus oder Moslems, Parsen, Christen oder Sikhs – wir alle beten denselben Gott an. Das Gemeinschaftsgebet ist ein nützliches Mittel, die grundlegende Einheit der Menschen durch gemeinsame Anbetung zu verwirklichen …

Wer die Brüderlichkeit aller Menschen und Gott als ihren Vater akzeptiert, der wird immer eine Gemeinschaft finden, wohin er auch geht, und er wird in sich niemals Gefühle der Spaltung oder Trennung hegen. Darum bitte ich euch, haltet fest am Gebet.
(101/102)

Zwei Bedingungen

Frage: Ist es möglich, daß die Tausende, die zu Ihren Gebetsversammlungen kommen, während des Betens ihren Geist wirklich auf eine bestimmte Sache konzentrieren können?

Gandhi: Ich kann nur sagen, ja. Denn wenn ich nicht an große Gebetsveranstaltungen glaubte, dann sollte ich damit aufhören, öffentliche Gebetstreffen abzuhalten. Meine Erfahrung aber gibt diesem Glauben recht. Der Erfolg hängt von der Reinheit des geistlichen Führers und vom Glauben der Zuhörerschaft ab. Ich kenne Fälle, bei denen die Zuhörer Glauben hatten, und der Führer war ein Betrüger. So etwas wird immer wieder passieren. Doch wie die Sonne, so scheint auch die Wahrheit auf inmitten der Finsternis der Unwahrheit. In meinem Fall wird man die Wahrheit vielleicht nach meinem Tod erkennen.

(108)

Man wehrt sich dagegen, im Gebet Tag für Tag das gleiche zu wiederholen, weil man meint, es würde auf diese Weise mechanisch und wirkungslos. Es ist wahr, daß das Gebet mechanisch wird. Wir selbst sind »Maschinen«, und wenn wir glauben, daß Gott es ist, der uns bewegt, dann müssen wir uns auch wie »Maschinen« in Seiner Hand verhalten. Wenn die Sonne und andere Himmelskörper sich nicht bewegten wie Maschinen, würde das Universum zum Stillstand kommen ... Es kommt nicht darauf an, ob die Inhalte des Gebets immer gleich oder jeden Tag unterschiedlich sind. Selbst wenn sie voller Vielfalt sind, ist es möglich, daß sie wirkungslos werden. Die *Gayatri*-Verse * der Hindus, das Glaubensbekenntnis *(kalma)* der Moslems und das zentrale christliche Gebet in der Bergpredigt sind jahrhundertelang von Millionen Menschen jeden Tag gesprochen worden; und dennoch ist ihre Kraft nicht geringer geworden, sondern sie wächst immer noch an. Es kommt alles auf den Geist an, der hinter einem solchen Gebet steht. Wenn ein Ungläubiger oder ein Schwätzer diese mächtigen Worte dahersagt, dann werden sie sicher ihre Wirkung verfehlen. Wenn aber ein Glaubender sie immer wieder ausspricht, dann wird ihr Einfluß von Tag zu Tag größer werden.

(151/152)

* »Om! Wir versenken uns ehrfürchtig in die Herrlichkeit der Gottheit: Erfülle uns mit geistiger Kraft.« (Rig-Veda III, 62,10)

Götzendienst und Bilderverehrung

Frage: Ich bin ein Hindu-Student. Ich war sehr befreundet mit einem Moslem, doch haben wir uns über die Frage der Bilderverehrung entzweit. Ich selbst finde Trost in der Bilderverehrung; aber ich kann meinem Moslem-Freund keine Antwort geben, die ihn überzeugen würde. Können Sie nicht im »Harijan« * dazu einiges sagen?

Gandhi: Ihnen und Ihrem Moslem-Freund gilt meine Anteilnahme ... Wenn Ihr Freund Sie wirklich liebt, dann wird er sein Vorurteil gegen Bilderverehrung überwinden. Eine Freundschaft, die eine Gleichheit der Meinung und der Lebensweise erzwingen will, ist nicht viel wert. Freunde müssen den Lebensstil und die Gedanken des anderen akzeptieren, auch da, wo sie sich unterscheiden; es sei denn, die Unterschiede sind von grundlegender Bedeutung. Es mag sein, daß Ihr Freund zu der Überzeugung gekommen ist, daß es sündhaft ist, mit Ihnen Gemeinschaft zu haben, da Sie ein Götzendiener sind. Götzendienst ist schlecht, nicht aber Bilderverehrung. Ein Götzendiener macht einen Fetisch aus seinem Bild. Ein Bilderverehrer entdeckt Gott sogar in einem Stein, und darum nimmt er nur das Bild zu Hilfe, um zur Einheit mit Gott zu gelangen. Jedes Hindu-Kind weiß, daß der Stein im berühmten Tempel in Benares nicht *Kashi Vishwanath*** ist. Und dennoch glaubt es, daß der Herr des Universums besonders in diesem Stein

* Zeitung, die Gandhi herausgab.
** Gott Siva.

wohnt. Dieses Spiel der Phantasie ist erlaubt und hilfreich. Keine Ausgabe der *Gītā* in einem Buchladen hat die Heiligkeit, die ich meiner eigenen Ausgabe zuschreibe. Der Verstand sagt mir, daß in meiner eigenen Ausgabe nicht mehr Heiligkeit liegt als in irgendeiner anderen. Die Heiligkeit liegt in meiner eigenen Vorstellung. Doch diese Vorstellung bringt wunderbarste konkrete Ergebnisse hervor. Sie ändert das Leben der Menschen ... Ein Buch, ein Bauwerk, ein Bild, eine geschnitzte Statue – das sind sicherlich alles Bilder, in denen Gott wohnt, aber sie sind nicht Gott. Wer sagt, sie seien es, irrt.
(129/130)

Symbole

Ich lehne Bilderverehrung nicht ab. In mir selbst ruft ein Bild keinerlei Gefühle der Verehrung hervor. Doch glaube ich, daß Bilderverehrung ein Teil der menschlichen Natur ist. Wir sehnen uns nach Symbolen. Denn warum sonst sollte man in einer Kirche gesammelter sein als anderswo? Bilder sind eine Hilfe zur Anbetung ... Ich halte Bilderverehrung nicht für eine Sünde.

(126)

Der verborgene Gott

Der sterbliche Mensch versucht, sich Gott vorzustellen, der in Wirklichkeit verborgen und unpersönlich ist, und da ihn die Sprache hier im Stich läßt, beschreibt er Ihn oft negativ als *»Neti, Neti«* (nicht dies, nicht das). Darum sind letzten Endes auch die Bilderstürmer nicht besser als die Bilderverehrer. Ein Buch verehren, in eine Kirche gehen oder beten und dabei das Gesicht in eine bestimmte Richtung wenden – all dies sind Formen der Anbetung des Formlosen, der in einem bestimmten Bild oder Götzenbild wohnt. Und dennoch dürfen beide, der Bilderstürmer und der Bilderverehrer, die Tatsache nicht aus dem Auge verlieren, daß es etwas gibt, das jenseits aller Form ist, das Unausdenkbare, Formlose, Unpersönliche, Unveränderliche. Es ist das höchste Ziel des Beters, eins zu werden mit dem Gegenstand seiner Anbetung. Der *Bhakta** löscht seine eigene Person aus und taucht in *Bhagavān*** ein, ja er wird selbst *Bhagavān*. Diesen Zustand kann man am besten erlangen, wenn man sich für die Anbetung einer bestimmten Form entscheidet, und darum sagt man, daß die unmittelbare Anbetung des formlosen, verborgenen Gottes besonders schwierig ist.

(125/126)

* Verehrer eines persönlichen Gottes.
** Der persönliche Gott.

RĀMA-NĀMA – DEN NAMEN GOTTES IM HERZEN TRAGEN

Was ist Rāma?

Du fragst, was ist *Rāma*. Ich könnte dir die Bedeutung des Wortes erklären, doch dann wäre es ziemlich fruchtlos für dich, diesen Namen zu wiederholen. Wenn du aber begreifst, daß *Rāma* Jener ist, den du anbeten willst, und dann Seinen Namen wiederholst, dann wird das wie ein Füllhorn für dich sein... Der Beter muß nur eine einzige Bedingung erfüllen. Er darf den Namen Gottes nicht aussprechen, um Eindruck zu machen oder andere zu täuschen, sondern nur mit Glauben und fester Entschlossenheit. Wenn ein Mensch an dieser Art der Wiederholung festhält, dann habe ich nicht den Schatten eines Zweifels, daß der Name Gottes in allen Lebenslagen für ihn sorgen wird. Jeder, der die nötige Geduld hat, kann dies an sich selbst erfahren. Tagelang, ja manchmal sogar jahrelang, werden die Gedanken umherwandern und rastlos sein, wird der Körper sich nach Schlaf sehnen, während man damit beschäftigt ist, den Namen Gottes zu wiederholen. Ja, es können auch noch schmerzlichere Symptome auftreten. Wenn der Gottsucher dennoch an der Wiederholung festhält, dann wird sie zwangsläufig ihre Frucht bringen. Spinnen ist eine allgemeine handwerkliche Fertigkeit, und dennoch kann man sie nur nach langwierigem, geduldigem Üben erlernen. Dinge, die schwieriger sind als Spinnen, erfordern von uns eine noch größere Anstrengung. Darum muß, wer darauf aus ist, das Höchste zu erlangen, sich für lange, lange Zeit der notwendigen Übung unterziehen und darf niemals verzagt sein. Ich glaube, ich habe nun all eure Fragen beantwortet.

Wenn ihr Glauben habt, dann wiederholt den Namen Gottes zu jeder Zeit, wenn ihr sitzt oder steht oder liegt, eßt oder trinkt. Es ist kein Grund zur Verzweiflung, wenn die ganze Zeit eures Lebens dahingeht, während ihr damit beschäftigt seid. Wenn ihr das versucht, dann werdet ihr von Tag zu Tag immer stärker den Frieden des Geistes erfahren.

(172/173)

Nun geht es darum, wie die Wiederholung des Namens Gottes die Sünden auslöscht. Jeder, der diese Übung ernsthaft ausführt, hat mit Sicherheit einen festen Glauben. Er beginnt in der Überzeugung, daß eine solche Wiederholung seine Sünden auslöscht. Auslöschen der Sünden ist gleichbedeutend mit Selbstreinigung. Wenn einer Tag für Tag den Namen Gottes gläubig wiederholt, dann wird er dessen nicht müde werden, und so wird dieser Name, den er anfänglich nur mit den Lippen immer wieder spricht, schließlich auf den Grund seines Herzens sinken – und das macht ihn rein. Dies ist eine allgemeine Erfahrung. Auch die Psychologen glauben, daß der Mensch das wird, was er denkt. *Rāma-Nāma* folgt dieser Gesetzmäßigkeit. Ich selbst habe einen unerschütterlichen Glauben an die Kraft der Wiederholung des Namens Gottes. Ich glaube, wer sie entdeckt hat, besaß persönliche spirituelle Erfahrung; diese Entdeckung ist von größter Wichtigkeit. Das Tor zur Reinigung sollte auch dem Ungebildeten offenstehen. Die Wiederholung des Gottesnamens öffnet es ihm. Auch das Rosenkranzgebet und ähnliche Übungen sind Hilfen, sich zu konzentrieren und zu zählen, wie oft man den Namen Gottes schon wiederholt hat.

(36)

Natürlich wie der Herzschlag

Frage: Wenn man sich unterhält oder geistig arbeitet, oder wenn man plötzlich von Sorgen überfallen wird – kann man dann *Rāma-Nāma* im Herzen sprechen? Gibt es Menschen, die das dann tun, und wenn ja, wie machen sie es?

Gandhi: Die Erfahrung zeigt, daß der Mensch dies zu jeder Zeit tun kann, sogar im Schlaf; vorausgesetzt, *Rāma-Nāma* ist in seinem Herzen eingeschlossen. Wenn der Umgang mit Seinem Namen zur Gewohnheit geworden ist, dann wird seine Wiederholung mit dem Herzen so natürlich wie der Herzschlag. Andernfalls ist *Rāma-Nāma* eine rein mechanische Übung oder hat bestenfalls das Herz an seiner Oberfläche berührt. Wenn *Rāma-Nāma* auf das Herz Einfluß gewonnen hat, dann wird die Frage nach einem lauten Aussprechen überflüssig. Denn dann übersteigt es die Sprache. Wir wollen aber festhalten, daß es nur wenige Menschen gibt, die einen solchen Zustand erreicht haben. Es kann keinen Zweifel daran geben, daß *Rāma-Nāma* all die Macht hat, die man ihm zuspricht. Niemand kann jedoch, nur durch seinen Wunsch, *Rāma-Nāma* in seinem Herzen einschließen. Dazu braucht man unermüdliche Anstrengung und Geduld. Wieviel Mühe und Geduld haben die Menschen aufgebracht, um den sogenannten Stein der Weisen zu finden, der gar nicht existiert! Gottes Name ist mit Sicherheit viel mehr wert und besteht zu allen Zeiten.

(178/179)

Rāma-Nāma ... kann einem kranken Menschen helfen, aber es hat seine eigene Gesetzmäßigkeit und Disziplin. Man kann nicht erst gefräßig sein, dann *Rāma, Rāma* sagen und Gandhi Vorwürfe machen, wenn man Bauchschmerzen bekommt. *Rāma-Nāma* hat seinen eigenen Anwendungsbereich. Niemand kann *Rāma-Nāma* sagen, sich Schandtaten erlauben und dann hoffen, Erlösung zu erlangen. Dies ist nur etwas für Menschen, die dazu bereit sind, Disziplin zu wahren, die für ihre Läuterung nötig ist.

(199)

Innere und äussere Reinigung

Ein Mensch, der *Rāma-Nāma* sagt und auf diese Weise sein Inneres reinigt, kann auch äußerlich keinen Schmutz ertragen. Wenn Millionen von Menschen *Rāma-Nāma* wirklich ernst nehmen würden, dann gäbe es keine Krawalle mehr – ein echtes soziales Übel – und auch keine Krankheit. Dann würde das Königreich des Himmels auf die Erde kommen.

(200)

Geistiger Balsam …

Für den Frieden des Geistes ist *Rāma-Nāma* der beste Balsam. Halt dich im Zaum, wenn dich eine Leidenschaft beunruhigt. Es gibt nur eine Möglichkeit, im Lichte Gottes zu wandeln, und das ist, Seiner Schöpfung zu dienen.

(198)

… gegen den Zorn

Wenn du zornig wirst, dann schweige und überwinde deinen Ärger, indem du *Rāma-Nāma* wiederholst.

(198)

Tag und Nacht

Wenn du den Namen *Rāmas* wiederholst, sobald du am Morgen aufstehst und bevor du am Abend zu Bett gehst, dann wird dein Tag gut verlaufen, und die Nacht wird vorbeigehen ohne schlechte Träume.

(176)

Das grössere Wunder

Es gibt wohl kaum einen Menschen auf dieser Welt, der völlig frei ist von Leiden, seien sie nun körperlicher oder geistiger Art. Für einige davon gibt es auf Erden keine Heilung. Zum Beispiel kann *Rāma-Nāma* nicht das Wunder vollbringen, ein verlorenes Körperglied zu ersetzen. Aber es kann das noch viel größere Wunder vollbringen, dir zu helfen, trotz dieses Verlustes in deinem Leben einen unbeschreiblichen Frieden zu erfahren; es kann dem Tod seinen Stachel rauben und dem Grab den Sieg am Ende unserer Lebensreise. Da der Tod früher oder später jeden ereilen wird – warum sollte man sich da über den Zeitpunkt Gedanken machen?

(187)

Wenn ich mich recht erinnere, hat meine Mutter mir Medizin gegeben. Aber sie glaubte auch an Zaubersprüche und Amulette. Auch gebildete Freunde von mir glauben daran. Ich jedoch nicht. Es gibt keine Verbindung zwischen *Rāma-Nāma*, so wie ich es verstehe, und Zauberformeln. Ich habe gesagt, *Rāma-Nāma* im Herzen zu tragen, bedeutet, daß einem Hilfe von einer einzigartigen Macht zuteil wird. Verglichen damit ist die Atombombe nichts. Diese Macht ist in der Lage, alle Leiden zu beseitigen. Man muß jedoch zugestehen, daß es leicht ist zu sagen, *Rāma-Nāma* müsse aus dem Herzen kommen, aber dies in die Tat umzusetzen, ist sehr schwer. Dennoch, es ist das größte Gut, das ein Mensch besitzen kann.

(188)

VERGÄNGLICHKEIT

Die leibliche Existenz des Menschen ist letzten Endes vergänglich. Sie kann ihrer Natur nach nicht ewig dauern. Und dennoch macht der Mensch sie zu einem Fetisch und vernachlässigt dabei den unsterblichen Geist in seinem Inneren. Ein Mensch, der an *Rāma-Nāma* glaubt, wird aus seinem Leib keinen Fetisch machen, sondern wird in ihm nicht mehr sehen als ein Instrument, um Gott zu dienen. Und um ihn für diesen Zweck brauchbar zu machen, ist *Rāma-Nāma* ein unfehlbares Mittel.

(201)

Rāma-Nāma ist nicht nur für einige wenige da: Es gilt für alle. Wer sich diesen Namen zu eigen macht, der legt sich einen reichen Vorrat an, der unerschöpflich ist. Je mehr man davon wegnimmt, desto mehr wächst er an. Er ist einfach grenzenlos. Wie die *Upanishaden** sagen, nimm grenzenlos vom Grenzenlosen, und grenzenlos viel bleibt übrig. Das ist ein unfehlbares Allheilmittel gegen alle Übel.

Bedingung ist jedoch, daß es von Herzen kommen muß. Haben schlechte Gedanken von dir Besitz ergriffen, wirst du von Wollust oder Begierde geplagt? Es gibt keine Zauberformel, die dagegen so wirksam ist wie *Rāma-Nāma. (Und er brachte ein Beispiel:)* Nehmen wir an, du stehst vor der Versuchung, mit einfachen, aber unredlichen Mitteln ein großes Vermögen anzuhäufen. Wenn du an *Rāma-Nāma* glaubst, dann wirst du dir sagen: Warum sollte ich für meine Frau und meine Kinder Reichtümer anhäufen, die sie verschwenden könnten – warum ihnen nicht lieber ein Vermächtnis hinterlassen in Gestalt eines guten Charakters, einer vernünftigen Erziehung und einer Ausbildung, mit der sie ihren Lebensunterhalt durch ernsthaften Fleiß und körperliche Arbeit selbst verdienen können? Unablässige Wiederholung von *Rāma-Nāma* wird die trügerische Vorstellung und die falschen Einflüsse vertreiben, und es wird dir lebhaft zum Bewußtsein kommen, daß du ein Narr ge-

* Bedeutende (anonyme) philosophisch-mystische Schriften der Hindus.

wesen bist, dich zum Wohl der Deinen nach Millionen zu sehnen, anstatt ihnen den kostenlosen Schatz Seines Namens anzubieten, der frei macht von allen Fesseln und aller Unrast. In der Freude dieser Erkenntnis wird ein solcher Mensch seiner Frau und seinen Kindern sagen: »Ich habe euch nicht den Schatz gebracht, um dessentwillen ich mich auf den Weg gemacht hatte, sondern etwas grenzenlos Reicheres.« »Wo ist es, zeig es uns«, werden sie ungläubig fragen. »Es ist der Name, der reicher ist als alle Reichtümer«, wird er antworten, »denn er stillt den Durst nach allen Schätzen. Er ist in meinem Herzen eingeschlossen.«

(203)

Offenherzig

*Hanumān** hat sich sein Herz aufgerissen und gezeigt, daß darin nichts anderes war als *Rāma-Nāma.* Ich habe nichts von der Kraft eines *Hanumān,* um mein Herz aufzureißen. Doch wenn einer von euch meint, er sollte dies tun, dann kann ich euch versichern, daß ihr darin nichts anderes finden werdet als die Liebe zu *Rāma,* den ich von Angesicht zu Angesicht sehe in den hungernden Millionen Indiens.

(194)

* Ein Verehrer von Rāma, beschrieben im Epos »Rāmayāna«.

Nichts anderes

Auch wenn du nichts anderes tust, hör nicht auf, *Rāma-Nāma* zu wiederholen. Eines Tages wirst du plötzlich das Licht schauen inmitten der Dunkelheit.
(169)

Der letzte Wunsch

Ich sehne mich danach, ruhig aus dieser Welt zu scheiden, mit *Rāma-Nāma* auf den Lippen.
(169)

Schlusspunkt: »Ich habe mein Zeugnis gegeben«

Obwohl mich vom politischen Horizont her nur Verzweiflung anstarrt, habe ich dennoch meinen Frieden nie verloren. Ja, ich habe viele Menschen kennengelernt, die mich darum beneideten. Dieser Friede, das kann ich sagen, kommt aus dem Gebet. Ich bin kein Mann der Gelehrsamkeit, aber ich behaupte in aller Demut, daß ich ein Mensch des Gebets bin. Die Form spielt für mich keine Rolle. In dieser Hinsicht muß jeder seinen eigenen Gesetzen folgen. Es gibt jedoch ein paar gut markierte Wege; und man geht sicher auf dem vorgebahnten Pfad, den die alten Lehrer ausgetreten haben. Ich selbst jedenfalls habe mein praktisches Zeugnis gegeben. Möge es nun jeder selbst versuchen und entdecken, daß als Frucht des täglichen Gebets sein Leben um etwas Neues bereichert wird – etwas, das mit nichts anderem vergleichbar ist.

(28)

NACHWORT

Von Ram Chandra Gandhi

Ideologische und rassische Arroganz, verbunden mit wirtschaftlicher und demographischer Verantwortungslosigkeit, haben Leben und Zivilisation auf der Erde an den Rand des Zusammenbruchs gebracht. Wenn ein Patient todkrank ist, dann bitten die Ärzte die Angehörigen oft um ihr Gebet, weil offenbar kein anderes Mittel mehr hilft. Heute, während die Zeit bis zum Jüngsten Gericht immer kürzer wird, müssen wir für die Menschheit beten, also für uns selbst. Wir können nicht darauf hoffen, daß wir nur durch Nachdenken einen Ausweg aus der gegenwärtigen Existenzkrise finden werden. Wir können nicht erwarten, daß der menschliche Geist ohne die Hilfe des Gebets einen klaren Durchblick gewinnt in dem Unheil, das er selbst angerichtet hat, in dem Geflecht von Verdrehungen und Lügen, mit denen er das nationale und internationale Leben belastet hat, auch das persönliche und soziale Leben, ja sogar die Bereiche von Wissenschaft und Kultur. Den menschlichen Geist nun dazu aufzufordern, sich selbst zu heilen, das ist – um ein Gleichnis von *Srī Ramana Maharshi*[1], einem großen Weisen unserer Tage, zu gebrauchen –, als ob man den Dieb zum Polizisten macht, damit er sich selbst fange. Diesen Gefallen wird einem der Dieb wohl nicht

[1] Vgl. die Lebensbeschreibung in »Nahe der Nabe des Rades. Die Heiligen in den Weltreligionen«, Herderbücherei 1182 (d. Übers.)

tun. Darum muß es für immer mehr Menschen überall auf der Welt zu einem zutiefst natürlichen und vernunftgebietenden Anliegen werden, sich dem Gebet und der Meditation zuzuwenden, um einen Ausweg zu finden, heraus aus der Hoffnungslosigkeit und hin zur Wahrheit unserer selbst und der Natur der Dinge. Gebet und Meditation gehören zusammen, beide suchen nach dem Urgrund des Geistes, des Ich oder der innersten Persönlichkeit, d.h. nach Gott oder dem Selbst (ātman). Nur das Meer kann die vergifteten Wasser der Flüsse wieder reinigen – dies gilt jedoch nur im übertragenen Sinne, denn de facto wird es wohl für die begrenzten Meere auf der Erde zu schwierig sein, diese Aufgabe zu erfüllen. Nur das grenzenlose Meer, also Gott allein, kann die Verschmutzung unseres Geistes auflösen, unsere zügellose Selbstsucht und immer tiefere Verdüsterung, unsere Hartherzigkeit und Kurzsichtigkeit.

Vor 38 Jahren wurde Mahātmā Gandhi auf dem Weg zu einem Gebetstreffen von einem Mitmenschen, den der Haß blind gemacht hatte, erschossen. Indien hatte damals die Unabhängigkeit erlangt, doch hatten religiöser Fanatismus und politische Machenschaften das Land gespalten, und ein Massaker an unschuldigen Menschen war mit der lang ersehnten und so heftig erkämpften Unabhängigkeit Indiens von der Fremdherrschaft einhergegangen. Wenige Jahre zuvor hatte man in Europa siegreich gegen den Faschismus gekämpft – um einen grauenhaften Preis allerdings; ja, und fast unmittelbar nach diesem Sieg wurden Atombomben auf unschuldige Menschen in Japan geworfen. Das Ergebnis war, daß der militärische Sieg gegen den Faschismus grundlegend beeinträchtigt wurde; ebenso wie Indiens politischer Sieg über den Imperialismus durch das Blutbad, das mit der Teilung einherging, beeinträchtigt wurde. Wie hätte wohl unter diesen Umständen und unmittelbar vor seiner Ermordung Gandhis Gebet gelautet?

Ich war erst zehn Jahre alt, als er ermordet wurde, doch ist meine Erinnerung an diese letzten Tage seines Lebens noch ganz lebendig. Ich erinnere mich an ihn – ohne die nachträgliche Interpretation eines Erwachsenen – als einen kraftvollen, drahtigen alten Mann, der kein Gramm Fett zuviel an seinem Körper hatte, fast wie ein moderner Sportler heute, eine geniale Persönlichkeit, die nach allen Seiten eine große Liebe ausstrahlte, besonders aber zu den Kindern. Mich verfolgt aber auch die Erinnerung an eine merkwürdige Zurückgezogenheit und Melancholie seines Wesens, eine große Traurigkeit, die oft sein Gesicht prägte. Er schritt in den Tod wie ein großer Streiter der Liebe, unbeugsam im Gehorsam gegenüber dem, was sein Gewissen ihm befahl. Er ließ es nicht zu, daß einige seiner politischen Hoffnungen zerschlagen wurden – wie z. B. die Vision von einem ungeteilten Indien, in dem Hindus und Moslems harmonisch miteinander leben würden. Er wollte aber auch nicht überstürzt einer egoistischen Laune nachgeben, etwa ein Fasten bis zum Tod beginnen, um die Teilung Indiens abzuwenden oder die Bildung einer nationalen Regierung zu erzwingen, die ihm in jeder Hinsicht mehr zugesagt hätte. Ich sagte, er ließ diese Dinge bei sich selbst nicht zu, doch wäre es spirituell richtiger zu sagen, daß Gott ihm dies nicht erlaubte, daß seine innere Stimme ihn in diesen letzten Tagen und Stunden der Versuchung dahin drängte, auf alle persönlichen Wünsche zu verzichten und ganz dem Geheimnis von Gottes Wegen zu vertrauen, in vollkommener Unterwerfung unter Seinen Willen. Und so machte uns Gott sein Martyrium zum Geschenk, als ein weiteres Beispiel der Reinheit und des Dienstes an der Wahrheit, damit die Menschheit es bewahre und pflege in den Jahren, die vor uns liegen – Jahre der Erschütterung, in denen uns entweder die totale Vernichtung droht, als Lohn für unsere Sünden, oder die im geheimen eine neue Morgendämmerung der Zivilisation in sich tragen, als Geschenk der Vergebung Gottes.

Wir müssen beten. Und das meint natürlich das gemeinsame Gebet aller für alle, das heißt für die ganze Menschheit, für ihr Überleben und Heil. Das bedeutet aber ebenso tief und wahrhaftig, daß jeder einzelne Mensch für sich allein in seinem Herzen um Reinheit und Liebe zu Gott oder zur Wahrheit beten muß. Diese Liebe beschränkt sich nicht auf eine Rasse, Nation oder Klasse oder gar auf die Menschheit; sie erstreckt sich auf alles Leben und Sein, umfaßt sogar die Nichtigkeit von Raum und Zeit, die ja auch Zeugnis ablegen von Gottes Schöpfungsmacht und vom Geheimnis der Wahrheit. Ja, von solcher Art muß Gandhis Herzensgebet gewesen sein, als er seinem Mörder entgegenging – mit gefalteten Händen und, als er dann zu Boden fiel, mit den Worten *»He Rāma!«*. Der Ausruf *»He Rāma!«* ist leider in Sir Richard Attenborroughs einfühlsamem Film »Gandhi« falsch übersetzt worden als der verzweifelte Ausruf »O Gott!«. Diese Worte sind vielmehr ein heiliger Ausruf, eine absichtslose, dankerfüllte Anrufung des göttlichen Seinsgrundes, wie immer man sich diesen vorstellen mag – als streng formlose Gottheit, *Ātman-Brahman*[2], als monotheistischen Gott in rein abstrakter Form, als reale geschichtliche Inkarnation, als unser eigenes, wahres Selbst und innerstes Wesen. Die unaufhörliche geistige Anrufung von *Rāma-Nāma*, das

[2] Nach der Philosophie des Advaita Vedānta sind Ātman (das Selbst, d. h. die göttliche Seele im Menschen) und Brahman (der absolute, eigenschaftslose Gott) identisch. Advaita ist die Philosophie des Nicht-Dualismus, d. h. der vollkommenen Einheit von Gott, Mensch und Welt. (d. Übers.)

heißt die Anrufung des Namens *»Rāma«,* war Gandhis wichtigste geistliche Übung. Sie bedeutet nicht nur das ständige Bewußtsein eines »Gottesnamens«, sondern erschließt den ganzen Bereich der Erfahrbarkeit und Wirklichkeit des Göttlichen.

Wenn Gott all-mächtig, all-weise und all-gütig ist, warum soll man dann überhaupt beten? Ist Gebet nicht ein Zeichen für mangelndes Vertrauen in Gott? Skeptizismus und Zynismus haben sich oft ins Gewand der Rationalität gehüllt und diese Haltung für sich eingenommen; damit haben sie die Menschen zu einem fatalen Mißverständnis von Gebet, aber auch von Gott oder der Wahrheit verleitet. Wenn Gott oder die Wahrheit ihrem Wesen nach etwas anderes wären, als wir es wesenhaft sind – ein System, von dem wir annehmen, daß es Macht und Güte besitzt, das aber gänzlich außerhalb unserer selbst liegt und seinem Wesen nach ganz anders ist als wir selbst –, dann wäre es sinnvoll, danach zu fragen, wie wir uns am besten darum bemühen, ein solches System an seine Verpflichtung uns gegenüber zu erinnern. Wenn wir uns Gott oder die Wahrheit jedoch als unsere eigene, wahre Natur, unser Sein oder unser Wesen vorstellen – das, was uns wirklich innewohnt, auch wenn es tief verborgen und vergessen, aus dem Gesichtskreis unserer Gedanken, unseres Herzens und unseres Lebens entschwunden ist –, dann kann man das Verlangen nach Gebet ganz einfach verstehen als Verlangen nach Bewußtheit, Wachheit und ungetrübter Geistesgegenwart. Das Verlangen nach Gebet ist, nicht anders als der Drang zur Meditation, die Suche nach einem radikal aufrichtigen Leben, eine ernsthafte und vertrauensvolle Übung zur Überwindung des selbstsüchtigen Ich und der Spaltung und Entfremdung von der Wahrheit unserer selbst.

Es ist notwendig, diesen nicht-dualistischen Hintergrund der *Advaita*-Philosophie zu verstehen, der dem indischen Geistesleben wichtige Impulse vermittelt, wenn wir uns dem Geist dessen öffnen wollen, was Mahātmā Gandhi über die Praxis des Gebets und des Gebetslebens sagt. Gebet ist nur scheinbar dualistisch. Für einen Hindu, der sich – wie Gandhi – auf die *Upanishaden* stützt, den Kanon mystischer Texte, auf die sich alle Hindu-Philosophen berufen, liegt die Erfüllung des Gebets in der Überwindung des augenscheinlichen Dualismus Gott – Mensch durch »Selbst-Verwirklichung«, durch ein Übersteigen der Kommunikation zwischen Ich und Du hin zur vollkommenen Vereinigung. Wer in seiner spirituellen Praxis den Weg des Gebets geht, für den ist alles Sprechen und alle dualistische Anbetung Gottes hilfreich als Mittel, um zur nicht-dualistischen Selbst-Verwirklichung zu gelangen. Das erklärt die reiche dualistische Bildersprache in Gandhis Abhandlungen zum Gebet.

Doch bevor wir uns in diesen Zeiten einem Leben des Gebets zuwenden, sind wir da nicht zuerst und mit Nachdruck dazu aufgerufen, dem sinnlosen Vernichtungswettlauf Einhalt zu gebieten, an dem wir auch selbst beteiligt sind? Bedarf es nicht erst eines echten Lebens auf der Erde, bevor man hoffen kann, daß daraus göttliches Leben erwächst? Muß nicht zuerst die soziale Ungerechtigkeit an der Wurzel beseitigt werden, bevor wir in Gebet und Meditation die Königsherrschaft Gottes verkünden können? Ja, natürlich – doch ohne die betende und meditative Suche nach einem göttlichen Leben auf Erden, das in unserem eigenen Herzen und in unserem eigenen Leben beginnt, wird die Sorge ums Überleben und der leidenschaftliche Kampf um Gerechtigkeit nicht in die richtigen Bahnen gelenkt. Selbst wenn von Zeit zu Zeit im gegenwärtigen ideologischen Nervenkrieg ein Waffenstillstand erreicht wird, selbst wenn eine Weile die sozialen Bedingungen zugunsten der Unterdrückten auf dieser Erde geändert werden, wird es doch immer wieder zu Situationen kommen, wie wir sie heute haben. Ich will damit nicht sagen, daß wir uns nicht hin und wieder mit Zwischenlösungen und Kompromissen abfinden müssen. Was ich sagen will, ist nur, daß unsere Bemühungen vom Läuterungsprozeß des Gebets und der Meditation unterstützt werden müssen; sonst sind sie letztlich doch wie Zeitbomben, die alles in Stücke schlagen, was wir uns aufbauen, weil unser Ich im Grunde destruktiv ist – auch wenn es sich augenscheinlich liberal gibt. Das große Ideal einer vereinten Menschheit muß aus einer all-umfassenden, kosmischen spirituellen Vision genährt werden – oder es wird nichts anderes hervorbringen als einen Faschismus der menschlichen Rasse, einen Totalitarismus der Menschheit gegenüber allen anderen Lebewesen, der rasch zu einer weltweiten ökologischen Katastrophe führen könnte. Nur einem menschlichen Herzen, das sich in Gebet und Demut erniedrigt hat und in Demut erstrahlt, kann es gelingen, die ganze Welt zu lieben und auf ihr für alle Lebewesen einen Platz zu finden, wo sie in Harmonie miteinander leben können.

Wir leben heute in einem geistigen Klima, das weder dem einsamen, noch dem Gemeinschaftsleben dienlich ist. Die Hauptimpulse in unserer Generation fördern einen Eskapismus, Isolationismus, Egoismus und Individualismus, oder auf der anderen Seite eine gleichmacherische Kollektivierung, in der jede echte Unterscheidung, jede Besonderheit und Selbständigkeit der Dinge ausradiert wird. Der Krieg zwischen Individualismus und Kollektivismus ist nur ein vorgetäuschter Krieg, den wir mit Hilfe von Gebet und Meditation zu durchschauen lernen müssen; das gelingt, wenn wir unsere Gedanken zur Ruhe bringen und unseren Trieb zur Absonderung der Quelle allen Seins unterwerfen: Gott oder dem Selbst. Wir müssen lernen zu erkennen, daß unsere Identität alle Wesen miteinschließt – die menschlichen ebenso wie die nichtmenschlichen, die ganze Realität, alle Zeiten – Vergangenheit, Gegenwart und Zukunft. Auf diese Weise müssen wir für unser Leben auf Erden das heilsame rechte Maß finden. Wenn wir zu Füßen der Weisen und Heiligen gelernt haben, daß die wahre Zerstörung die des Ich ist, der Illusion einer Trennung oder Entfremdung von Gott oder dem Selbst, dann werden wir einander nicht mehr zerstören wollen oder überhaupt irgend jemanden oder irgend etwas, weil wir dies dann nicht nur als sündhaft betrachten, sondern als gänzlich reizlos und uninteressant, als ein Zerrbild der wahren göttlichen Zerstörung von Sünde und Illusion, von Nichtwissen und Abweichung. Wenn wir zu Füßen eben derselben Weisen und Heiligen auch gelernt haben, daß wahre Kreativität aus Gott oder dem Selbst kommt und eine grenzenlose Welt der Erscheinungsformen entfaltet, dann werden wir auch unsere Bevölkerungsvermehrung nicht mehr unverantwortlich vorantreiben, da wir darin eine Karikatur der göttlichen Kreativität erkennen.

Gandhi sagt, ein Mensch des Gebets könne ohne Nahrung auskommen, jedoch nicht ohne Gebet, nicht einmal einen Moment. Dies ist eine sehr tief empfundene Erkenntnis, Gandhi hat es wirklich so erlebt. Wir Menschen der modernen Welt wollen Mangel jeder Art überwinden, sei es Mangel an Nahrung, Kleidung, Wohnung, an Bequemlichkeit, Vergnügen oder was sonst auch immer. In der Tat, wir müssen dafür sorgen, daß die Menschen die Dinge bekommen, die sie am nötigsten brauchen. Doch wenn wir die Selbsterkenntnis und Selbstverwirklichung, die wir in Gebet und Meditation suchen sollten, aus dem Lauf des menschlichen Lebens gewinnen wollen, dann werden all diese Mängel in der einen oder anderen Form wiederkommen. Unter reichen Staaten oder Volksgruppen können Kriege ausbrechen. Der Geiz kann sich ausbreiten bei Völkern, die sich aus ihrer Armut befreit haben, ohne zum Gebet und zur Tiefe der Meditation zu finden. Menschen, die nicht mehr unterernährt sind, können von Krankheiten befallen werden, von Krankheiten des Körpers, des Geistes oder auch der Seele. Gebet und Meditation sind die beste wirtschaftliche Investition, die wir uns denken können. Wenn wir das Leben von Mahātmā Gandhi betrachten, erkennen wir, daß seine Stärke im Gebet lag und nicht auf politischem Gebiet, wo er niemals frei war von Fehlschlägen. Darum darf man seine Aussage, daß Gebet die Nahrung der Seele sei, nicht nur in übertragenem Sinne verstehen; es ist eine buchstäbliche Wahrheit.

Wir müssen nun noch einiges zu dem Gebetbuch sagen, das Mahātmā Gandhi und seine geistlichen Weggefährten zusammengestellt haben. Es wird immer noch bei allen Andachten benutzt, die in den *Āshrams* des Mahātmā verrichtet werden, in den spirituellen Zentren und von der großen Zahl derer, die sich als Mitglieder seiner weitreichenden geistlichen Familie betrachten. Dieses kleine Buch ist ein bemerkenswertes Dokument von Glauben, Liebe und der Einsicht darüber, wie wir Gemeinschaft mit Gott pflegen können. Obwohl es seine Wurzeln in der indischen Spiritualität hat, ist das *Āshram Bhajanāvalī* (erschienen bei Navajivan/Ahmedabad), wie das Gebetbuch genannt wird, von tiefer universeller Bedeutung. In seinem Vorwort zur Ausgabe des *Bhajanāvalī* von 1947 sagt Gandhi, das Hauptziel dieses Werkes und das Grundprinzip dieser Sammlung von Hymnen sei die Entwicklung eines moralischen Bewußtseins bei denen, die es zum Beten und Meditieren benutzen. Es verweist, in seiner charakteristischen Bescheidenheit, aber dennoch deutlich darauf, daß im

Laufe der Jahre eine inter-religiöse Gemeinschaft – von Hindus, Moslems, Christen, Parsen und anderen – entstanden ist, die sich in ihrem spirituellen Leben rund um das *Bhajanāvalī* angesiedelt hat. Sehen wir uns Aufbau und Inhalt dieses Buches genauer an, denn sie werfen ein klares Licht auf Gandhis Gebetsleben und auf sein Verständnis von der innersten Natur des Gebets.

Die Morgen- und Abendandacht, wie sie in diesem Buch ausgeführt sind, beginnen mit einem buddhistischen Gesang, dann folgen einige Minuten der Stille. Der buddhistische Gesang ist eine Huldigung an alle Buddhas. Dies ist nicht nur darum bemerkenswert, weil es den Buddha ohne Einschränkung ehrt und so die tiefe Dankbarkeit des Hinduismus gegenüber der Buddha-Gestalt zum Ausdruck bringt; es deutet auch an, daß es in allen Traditionen eine Zahl erleuchteter Menschen – Buddhas – gegeben habe, die beispielhaft die Möglichkeit einer radikalen göttlichen Verwandlung der menschlichen Natur vorgelebt haben. Darum kann man ein rituelles Gebet gar nicht angemessener beginnen als mit einem Danklied an solche heiligen Menschen, die zum Licht gelangt sind. Im Kontext indischer Spiritualität ist es die Hoffnung jedes geistlich Suchenden, jedes Übenden, der den Pfad des Gebets und der Meditation beschreitet, Selbstverwirklichung, Erleuchtung oder den radikalen geistlichen Sieg über das Dunkle und Verborgene zu erlangen. Darum sollten alle, die danach streben, zunächst die ehren, die diesen Weg bereits siegreich gegangen sind. Wenn Sie so wollen, haben wir es hier mit einem tiefen humanistischen Impuls in der indischen Spiritualität zu tun; mit diesem Grundtenor leitet Gandhi sein Gebetbuch ein.

Als nächstes folgt in der Morgenandacht des *Bhajanāvalī* ein sehr altes Gebet aus den *Upanishaden,* die beiden ersten Strophen der *Īsa-Upanishad:*

Vom Herrn umhüllt ist dieses All,
was sich in dieser Welt bewegt.
Erfreue dich, indem du dieses (Vergängliche) losläßt.
Strebe nicht nach eines anderen Besitz!

Mögest du hundert Jahre hier (auf Erden) leben,
indem du deine Werke losgelöst tust.
Nur so – nicht anders – wird dein Handeln
dich nicht beflecken, o Mensch[3].

Die erste Strophe verkündet und preist die All-Gegenwart des Herrn, der allem innewohnt: dem, was sich bewegt nicht weniger, als dem, was sich nicht bewegt, allen Welten, den tatsächlichen ebenso wie den möglichen – die unbedingte All-Gegenwart von *Ātman-Brahman.* Sie verkündet die grundlegende Vorstellung der *Upanishaden* vom göttlichen Seinsgrund, der zugleich im Innern der Lebewesen und im Unendlichen ist, der Selbst und absoluter Gott ist. Die zweite Strophe beschreibt kurz und bündig die moralische Verpflichtung, die aus der Erkenntnis erwächst, daß *Ātman-Brahman* der Höchste und Letztgültige ist, der Herr, der alles durchdringt. Es ist die Verpflichtung zur Freude an der Entsagung von allem, was wir nicht brauchen und was anderen gehört. Lobpreis, Freude, Verzicht, Achtung, all diese Dinge sind in den beiden Strophen der *Īsa-Upanishad* zusammengesehen. Der Mahātmā war davon überzeugt, selbst wenn alle heiligen Schriften der Hindus infolge irgendeiner Katastrophe verlorengingen mit Ausnahme der *Īsa-Upanishad,* ja selbst wenn die *Īsa-Upanishad* verlorenginge mit Ausnahme der ersten beiden Strophen, die wir eben zitiert haben, dann würde der Hinduismus

[3] Zitiert nach: »Upanishaden. Befreiung zum Sein.« Ausgewählt, übersetzt und eingeleitet von Bettina Bäumer, Benziger Verlag, Zürich 1986, S. 65.

darin weiter fortleben und spirituell mehr und mehr Frucht bringen.

Die dann folgenden Gebete im Morgenlob des *Bhajanāvalī* sind reines *Advaita,* Er-Innerung unseres eigenen Wesensgrundes, Lobpreis und Anrufung von *Ātman-Brahman* im Kontext verschiedener Traditionen. Dann folgen noch einige andere Gebete, von denen zwei heute von besonderer Macht, Schönheit und Gültigkeit sind:

Das erste ist ein vedisches Gebet an den göttlichen Seinsgrund, der hier verstanden wird als Göttin, als allumfassende Macht der Gottheit, als Gemahlin von *Vishnu* (dem Ernährer und Erhalter des Lebens), als Mutter Erde. Ich habe dieses Gebet folgendermaßen übersetzt: »O Göttin, die du dich mit dem Meer bekleidest und Berge als Brüste besitzt, Gefährtin von *Vishnu,* Dir sei Ehre! Vergib mir, da ich Dich mit meinen Füßen berühre!« Ich kenne kein klassisches Gebet, das die Göttlichkeit der Erde mit gleicher Inbrunst verehrt und das bedeutender wäre angesichts der drängenden Frage nach einem ökologischen Überleben. Gandhis Gebet und sein Leben waren ökologisch geprägt, lange bevor dies in Mode kam.

Das zweite Gebet ist in Form und Inhalt indisch geprägt. Es ist eine Huldigung an den *Guru,* den Lehrer und spirituellen Meister; zugleich eine Anbetung Gottes, der den geistlichen Menschen bei seiner Suche nach der höchsten Wahrheit mit Kraft, Glauben und immer größerer Erleuchtung begnadet hat. Hier eine Übersetzung dieses großartigen Gebets: *»Guru* ist die göttliche Trinität – *Brahmā, Vishnu* und *Mahesvara; Guru* ist der höchste *Brahman,* höher noch als die göttliche Trinität. Ehre diesem heiligen *Guru!«* Hier muß auch der letzte Zweifel an der zentralen Rolle des *Advaita* in Gandhis Spiritualität verstummen. Der *Guru,* der Erleuchtete, ein Buddha oder *Mahāvīra, Yāgnavalkya* oder *Sankara,*

Christus, *Srī Ramana Maharshi* oder *Rāmakrishna Paramahamsa,* kann nicht in irgendeine vorgegebene leibliche Form gepreßt werden, auch wenn es sich hierbei um einen unsterblichen Geist-Leib handelte. *Guru* ist der grenzenlose Raum von *Ātman-Brahman,* bin im tiefsten ich selbst, ist alles, und in Ihm entfalten sich alle Manifestationen vom höchsten Gott bis hin zur niedrigsten Kreatur; aller Raum, alle Zeit, alles Geschehen.

Das Morgengebet führt nun hin zum Kern des spirituellen Lebens. Da wird formuliert, was jeder sich selbst zum Vorsatz gemacht und gelobt hat. Dies sind die Gelübde, die man im Geist respektvoller Demut auf sich nehmen will:

Nicht-Gewalt oder Nicht-Ungerechtigkeit; die Wahrheit sagen und nicht stehlen; ein Leben in Reinheit und kein Anhäufen von Reichtümern; körperliche Arbeit und Gleichgültigkeit gegenüber weltlichen Vergnügungen; Furchtlosigkeit und Achtung vor jeder Wahrheit der Religion; Nächstenliebe oder Liebe zum Land und ein Geist der Verbundenheit mit allen; kein Isolationismus, denn sonst wird die Liebe zum Nächsten oder zum Land engstirnig, genauso wie ohne Liebe zum Nächsten oder zum Land ein Universalismus oder Internationalismus sehr oberflächlich werden kann. Gandhis Gelübde sind ihrem Wesen nach sowohl zutiefst metaphysisch als auch von ungeheurer praktischer Relevanz.

Nun folgen noch einige Gebete aus dem heiligen Koran, dann ein zoroastrischer Gesang, und die Morgenandacht endet, wie sie begann, mit einem buddhistischen Mantra und einigen Minuten der Stille. Stille ist mächtig. Als *Srī Ramana Maharshi* einmal gefragt wurde, wie Stille mächtig sein könne, sagte er: »Worte sind die Ursache des Handelns. Denken ist die Ursache der Worte. Schweigen ist die Ursache des Denkens. Darum ist Schweigen die Ur-Ursache des Handelns!« *Ramana*

Maharshi und Mahātmā Gandhi sind sich nie begegnet, doch haben sie einander den tiefsten Respekt entgegengebracht.

Die Abendandacht im *Bhajanāvalī* ist wesentlich reichhaltiger entfaltet. Neben anderen Gebeten und Lesungen enthält sie Teile aus der *Bhagavad-Gītā,* dem Haupt-Lehrbuch und der Quelle von Gandhis Spiritualität und Ethik. Darüber hinaus finden wir ein bezwingend starkes vedisches Gebet, von dem unbedingt die Rede sein muß; ein Gebet, das so machtvoll, so schön und so wichtig für unsere Zeit ist wie die Anrufung der Göttin Erde in dem ökologischen Morgengebet, von dem oben die Rede war. Es ist das Gebet *»Om Sahanāvatu«*. Sinngemäß könnte man es so übersetzen: *»Om!*[4] Mögen wir alle beschützt werden; mögen wir alle gesättigt werden; mögen wir alle Kraft empfangen; mögen wir alle erleuchtet werden; mögen wir niemals mißgünstig gegeneinander sein. *Om!* Friede! Friede! Friede!« Dieses Gebet ist ein immer wiederkehrendes Lieblingsgebet in Gandhis alltäglichem rituellen geistlichen Leben; es ist das Gemeinschaftsgebet schlechthin – für Einzelne, Gruppen, Religionen, ja für Versammlungen und Gemeinschaften jeder Art. Mit Scharfblick bekennt das Gebet, daß zwischen einzelnen Menschen und Gruppen immer die Neigung zu Mißgunst herrscht; und wenn wir sie nicht mit göttlicher Hilfe überwinden, können wir niemals eine würdige Gemeinschaft sein, ja wir können nicht einmal hoffen, auf Dauer zu überleben. Dieses Gebet hält einen Vergleich aus mit dem Gebet, das Jesus Christus seine Jünger lehrte.

Ja, das *Bhajanāvalī* (in dem auch etliche christliche

[4] »Om« ist ein heiliger Laut, der nicht in irgendeinen anderen Laut übersetzbar ist; er ist nicht nur ein Zeichen für den göttlichen Seinsgrund Ātman-Brahman, sondern dieser manifestiert sich in »Om«.

Hymnen enthalten sind) verkörpert in seiner ökumenischen Grundhaltung (auch dies wiederum lange bevor sie in Mode kam) die Lehre Christi, daß der Mensch nicht allein vom Brot lebt, sondern von jedem Wort, das aus dem Munde Gottes kommt, das heißt von der umfassenden Offenbarung Gottes unter den Menschen, von der Wahrheit aller Religionen auf dieser Welt.

Gegen Ende seines Lebens in Delhi hielt Gandhi dann täglich nach dem Abendgebet für die Versammelten eine kurze Ansprache über Themen von aktueller oder zeitloser Bedeutung: Haß und Vergebung, Tod und Unsterblichkeit, Gesundheitspflege und Reinheit, Krankenhäuser und Gefängnisse, Staat und Gesellschaft, Freiheit und Demut. Diese Ansprachen (herausgegeben von Navajivan/Ahmedabad als »Delhi Diary«) sind von einer eindringlichen, vollendeten Reinheit, die an Beethovens späte Violinkonzerte erinnert; sie zeigen den Grad der Selbsterfahrung und Gotteserfahrung, die dem Herzen von Mohandas Karamchand Gandhi zuteil geworden sind, und die ihren Ausdruck fanden in der Anrufung Gottes *»He Rāma!«,* dem vollkommensten und letzten öffentlichen Gebet und Ausspruch des Mahātmā.

Möge diese Sammlung von Gedanken und Aussprüchen Gandhis über das Gebet zu einer wirklich tiefen Suche führen nach der Verantwortung und den Möglichkeiten eines spirituellen Lebens in unserer so radikal gefährdeten Zeit, in der es vielleicht noch nicht jetzt – aber schon bald? – keine Hoffnung auf Überleben und Gesundung mehr gibt. Gebet und Meditation können ohne Demut nicht bestehen; sie können in diesen Zeiten auch nicht wirksam werden ohne Kampf – den Kampf um Liebe und Wahrheit, um Gandhis »Festhalten an der Wahrheit« *(satyāgraha).*

Botschaft aus dem Osten

Mahatma Gandhi
Handeln aus dem Geist
Band 632, 128 Seiten, 13. Auflage

Im Lebenskreis der Armen
Indisch-christliche Spiegelungen der Hoffnung
Herausgegeben von Martin Kämpchen
Mit Holzschnitten von Jyoti Sahi
Band 892, 128 Seiten

Lotosblüten im Sumpf
Überlieferung der wunderbar gütigen Menschen
Aus dem japanischen Jodo-Shin-Buddhismus
Von Claudia Lenel
Band 1048, 128 Seiten

Srī Rāmakrishna
Setze Gott keine Grenzen
Gespräche des indischen Heiligen mit seinen Schülern
Aus dem Bengalischen übersetzt, ausgewählt und eingeleitet von Martin Kämpchen
Band 1165, 160 Seiten

Gandhi für Christen
Eine Herausforderung
Einleitung und Textauswahl
von A. Ronald Sequeira
Band 1345, 224 Seiten

Herderbücherei